회사를 그만둬도
돈 걱정 없는 인생

준비한 만큼 즐기는 퇴직금 사용설명서

회사를 그만둬도
돈 걱정 없는 인생

송승용 지음 | YoOSARU 카툰

21세기북스

사람들은 2년 뒤에 올 변화는 과대평가하지만
10년 뒤에 올 변화는 과소평가한다.

_ 빌 게이츠

· 등장인물 소개 ·

올곧은

와이프와 딸에겐 한없이 약한
대한민국 평범한 아버지.
마음만은 이팔청춘, 가슴 속에만
열정의 불꽃을 태우고 있다.
대기업 부장으로 나름 걱정 없는
인생을 살고 있다.

올리브

올 부장 딸.
아빠를 많이 닮은
사랑스러운(?) 철부지 딸.
회사에 갓 입사한
신입사원이다.
커리어우먼을 모토로
살고 있다.

백수지

올 부장의 아내.
올가의 실질적 리더라고
볼 수 있다.
전형적인 외강내강의
아줌마지만 언제나
꽃띠처녀이고 싶다.
마음 속 깊이 올 부장을
믿고 있다.

올 부장의 아버지

남의 인생사 관심 없다.
오로지 자신을 위해 사는
이 시대 진정한 히피.

올 부장의 여동생

나이 40으로 접어들고 있는
골드미스.
나이에 비해 아는 것이
매우 없는, 순수 순박
성격은 조금 쎈 노처녀.

조 이사
올 부장의 회사 선배.
소싯적 올 부장을
잘 이끌어준 멘토이다.
퇴직 후 개인 사업을
한다.

대식
올 부장의 친구.
퇴직 후 분식집을 한다.

임차봉
올 부장의 입사 동기.
개인 주식 투자와
임대업을 하고 있다.

오 선배
올 부장의 회사 선배.
술을 매우 좋아하고
현재 귀농을 준비
중이다.

최영수
올 부장의 친구.
아내의 암투병을
간호하고 있다.

동수
올 부장의 친구.
기러기 아빠로 10년째
살고있다.

김 대리
자칭 감사팀의 브레인.
올 부장의 눈엣가시이다.

감사팀 사원1,2
착하고 예의바른 청년들.
하지만 뇌도 착하다.

| 차 례 |

준비한 만큼
즐기게 된다

가정에서나 회사에서 인정받는 사람이 있다. 중견기업의 부장이다. 젊어서부터 열심히 일해서 회사에 공도 많이 세웠다. 비록 일찍 들어가는 날은 별로 없었지만 꼬박꼬박 월급을 가져다줘서 자식도 잘 키우고 남부럽지 않을 정도는 산다. 큰 기복이 없는 삶이지만 그래도 평범하게 살아온 자신이 자랑스럽다.

그러던 어느 날, 회사에 구조조정이라는 칼바람이 불기 시작했다. 나름 안전하다고 생각했던 올 부장도 그 바람을 피하기 어려워 보인다. 아직 퇴직이라는 단어조차 생각해본 적이 없다. 회사가 생활 터전이고 삶의 목표였다. 이제 올 부장은 어떻게 살아야 할까?

"너 전기차 타봤어? 정말 끝내준다. 소리도 안 나고 승차감 죽이거든. 전기차 타보면 시끄러운 디젤차 탈 마음이 없어질 걸?"

얼마 전 친구가 흥분한 얼굴로 한 말이다. 그런데 전기차보다 더 설레게 하는 차가 있다. 애플이나 구글이 만드는 무인자동차다. 전기차와 무인차가 결합하면 세상은 지금과 완전히 달라질 것이다. 상상만 해도 설렌다. 마치 스마트폰이 우리의 일상을 바꾼 것처럼 그 파장은 결코 작지 않을 것이다. 이렇게 우리가 살아가는 세상은 끊임없이 변하고 있다. 미래는 계속해서 달라질 것이다. 오늘만 살고 말 것이 아니라면 내일을 내다보는 지혜가 필요하다. 자동차가 나오기 전 영국에서는 마차가 하도 많아 말똥이 런던을 뒤덮을 거라고 예상했다. 하지만 그 예상은 보기 좋게 빗나갔다.

말을 대체할 뭔가 새로운 것이 세상을 바꿀 것이라는 걸 내다보지 못했기 때문이다. "석기시대는 돌이 없어졌기 때문에 끝난 게 아니라 돌을 대체할 기술이 나타났기 때문이다. 석유시대도 석유가 고갈되기 전에 끝날 것이다"라고 말한 사우디아라비아의 전설적인 석유장관 셰이크 야마니의 말을 떠올릴 필요가 있다.

막연한 생각은 막연한 행복이 된다

"앞으로 몇 살까지 살 수 있을 것 같으세요?"

이런 질문을 하면 대부분 한동안 머뭇거린다. 평소 구체적으로 생각을 안 해봤기 때문이다. 잠시 침묵이 흐른 후 고민 끝에 대답한다.

"글쎄요, 대략 80세 정도까지는 살지 않을까요?"

얼마나 살 수 있는지에 대해 많은 사람들이 80세를 기준점으로 생각한다. 신문기사에서 읽거나 방송에서 들은 평균수명을 떠올려서다. 우리 국민의 평균수명은 이미 82세를 넘어섰다. 하지만 이는 어디까지나 평균수명이다. 질문을 조금 더 구체적으로 바꿔보자.

"그럼 우리나라 사람들이 가장 많이 죽는 나이는 대략 몇 살 정도 일까요?"

질문이 조금 더 구체적으로 변하면 질문을 받은 사람의 머릿속은 복잡해진다. '50대'라는 답변부터 '70세 정도'라고 답하는 사람도 많다. 평균수명은 80세를 넘어섰지만 일찍 죽는 사람들도 많다고 생각하기 때문이다.

우리나라 사람들이 가장 많이 죽는 나이를 의미하는 '다빈도 사망연령'은 이미 80대 중반을 훌쩍 넘어섰고 2020년에는 90세에 이를 것으로 전망된다. 얼마 지나지 않아 90세가 우리나라 사람들이 가장 많이 죽는 나이가 되는 것이다. 과로사나 스트레스로 죽는 50 대도 아니고 웬만큼 살다가 죽는 70대도 아닌, 90세 전후까지 살다가 죽는 사람들이 점점 더 많아지고 있는 것이다. 100세 이상 사는 장수노인 수도 2015년 8월부로 1만 5,000명을 훌쩍 넘어섰다.

2016년부터 60세 정년 연장법이 시행되고 있다. 그러나 최근 전국 경제인연합회 설문조사에 의하면 국민들이 생각하는 실질적인 경제나이는 50.8세다. 설령 60세까지 일하는 게 보장된다고 해도 100세 시대에 60세 정년이 안전장치 역할을 할 수 있을까? 은퇴하고도 40년 이상을 더 살아야 한다면 그 긴 시간에 대한 대책이 필요하다. 일뿐만이 아니다. 30세를 전후해 결혼해서 환갑인 60세가 되면 두 부부는 30년을 함께 살아왔다. 그런데 60세 이후에도 함께 살아야 할 시간이 40년에서 50년이 더 남았다면 부부들은 어떤 생각을 할까? 특히 부부 사이가 썩 좋지 않다면 많은 고민이 시작될 것이다. 살아온 날보다 함께 살아갈 날이 더 많기 때문이다.

이렇게 세상은 변하는데 주변에는 아직도 60세 정년까지 버틸 생각에 안주하고 그 이후 대충 '80세 정도까지 살아가겠다'는 인생 그림만 그리는 사람이 많다. 그나마 60세 정년을 지키는 곳은 대기업이나 공기업, 그리고 공무원들이 있는 곳 정도다. 업종에 따라 정년은 생각보다 빠르다. 이미 IT 개발업자들의 실제 정년은 30대 후반까지 내려왔다. 정부가 법으로 정한 정년과 실생활은 거리가 멀다. 40대 중후반만 넘어서면 이직하기도 쉽지 않고 50대가 넘어서면 언제 관둬야 할지 눈치가 보이는 게 현실이다. 회사는 내가 근무하는 동안에만 월급을 보장해주는 곳이지 어떤 회사도 내 인생을 보장해주지는 않는다. 이런 상황에서 10년이나 20년 후에 '나'는 어떻게 살고 있을지 진지하게 고민해봐야 한다.

건강이야 두말할 나위 없이 지켜야 하고, 현재의 직장이 아닌 지속할 수 있는 일을 찾아야 하며, 100세 이상 살더라도 남에게 손 벌리지 않을 정도의 경제력을 확보해야 한다. 지금 살기도 팍팍하다고 해서 '그때가 되면 어떻게 되겠지' 하는 막연한 생각은 뻔한 불행의 길을 자초하는 것이다. 영국의 심리학자 로스웰과 코언은 18년 동안 1,000명을 대상으로 진행한 연구를 통해 '행복지수'를 발표했는데 그중 생존조건으로 '건강, 돈, 인간관계'를 꼽았다. 우리가 살아가면서 맺는 인간관계의 많은 부분은 일에서 나온다. 결국 행복하게 살려면 '건강, 돈, 일' 이 세 가지를 반드시 챙겨야 한다는 얘기다. 세상이 100세 시대라면 우리는 '120세'를 염두에 두고 미래를 준비해야 한다. 그렇게 좀 더 앞을 내다보고 준비하려면 일과 건강, 돈에 대한 기존에 갖고 있던 생각이 바뀔 수밖에 없을 것이다.

언제까지 되는 대로 살아갈 것인가

"생각대로 살지 않으면 사는 대로 생각하게 된다."

프랑스의 소설가 폴 부르제가 남긴 말이다. 남들처럼 사는 대로 생각하다보면 99세가 돼도 후회가 많아질 것이다. 90대 부모 앞에서는 70대도 그저 자식일 뿐이라는 점을 상기해보자. 20~30대 자식들을 바라보면 '지금 공부해라, 지금 저축해라'는 충고가 절로 나온다는 점을 생각해보자. 자신도 60세가 돼 정년퇴직을 한다면 50세에 미리 준비하지 못한 것을 후회할 것이다. 이런 후회는 100세가 돼도 계속될 것이다. 행복하게 살아야 할 인생에서 언제까지 '60세부터라도 저축할 걸…' 하는 과거형의 삶을 살겠는가?

지금부터라도 미래에 대해 최대한 구체적으로 생각해보자. 그리고 생각보다 훨씬 오래 사는 그림을 그려보자. 그러려면 '건강, 돈, 일'이라는 세 가지 바퀴가 함께 잘 굴러가야 한다. 물론 건강과 일도 중요하지만 뭐니 뭐니 해도 '머니'가 중요하다. 돈은 우리 몸의 피와 같다. 돈을 잘 돌게 해야 인생이 살 만해진다. 하루라도 늦기 전에 돈에 대한 생각을 바꿔야 한다. 80세까지의 계획을 넘어서 100세 이후를 위한 실천 계획을 세우고 준비하자. 10년 후 많은 사람들이 무인전기차를 타면서 운전에서 해방돼 차 안에서 많은 업무를 처리할 때, 혼자서 뒤처져 디젤차를 몰고 다닐 것인가. '생각하는 대로 살지 않으면 사는 대로 생각한다'는 말은 통장 관리에도 적용된다. 누릴 만큼 모아놓지 않으면 모아놓은 만큼밖에 누릴 수 없을 것이다. 지금 당장 준비를 시작하자. 내일이면 또 후회한다.

사람들은 내가 아니라
회사를 본다

임원이 되는 것은 직장인의 로망이자 경력의 정점이다. 더 중요한 일을 하고, 더 많은 돈을 받을 수 있어 빨리 임원이 되고 싶어 하는 사람이 종종 있다. 그런데 그런 사람을 보면 선배들이 이런 충고를 한다. "빨리 오를수록 빨리 내려온다." 그렇다고 해서 이 말을 믿고 승진을 안 하려는 사람은 없을 것이다. 다만 "빨리 오를수록 빨리 준비하라"는 신호를 읽어야 한다. 올 부장의 직장 선배인 조 이사도 이사에 임명되고 한동안 좋았을 것이다. 그러나 불행은 예고 없이 찾아온다.

장영석 씨는 S그룹에서 잘나가는 임원이었다. 회사 내에서의 비중이 워낙 크다보니 주위 사람들은 장 씨를 볼 때마다 S그룹을 생각했고 장 씨 역시 자신을 회사와 동일시했다. 회사 재단에서 운영하는 종합병원에서 건강검진을 받을 때면 담당의사는 오랜 시간을 내서 장 씨의 건강 상태를 챙겼고, 장 씨 가족들 역시 병원을 방문할 때마다 VIP 대접을 받았다. 사내에서는 물론이고 그를 만나고 싶어 하는 사람들이 너무 많아 장 씨는 만날 사람들을 걸러내는 게 중요한 일과 중 하나였다. 그는 늘 최상의 대접을 받았고 몸과 마음은 힘들지만 그런 생활에 만족하며 살았다. 하지만 그가 총괄하던 중국시장 매출이 급감하면서 그의 입지는 흔들렸고, 임기를 채우지 못하고 회사를 떠나야 했다. 그 이후 그를 만나려고 줄줄이 대기하던 사람들은 모두 사라졌고 회사 직원들 사이에서도 장 씨는 금세 잊혔다.

직장인들은 회사를 다니는 동안 회사와 자신을 동일시하는 경향이 있다. 하지만 이는 어디까지나 회사를 다닐 때까지다. 이제 장 씨는 후배들에게 회사에 너무 얽매이지 말고 홀로서기 연습을 하라고 조언한다.

우리는 이제 곧 평범해진다

빌 클린턴 전 미국 대통령이 퇴임 후 우리나라를 방문했을 당시 TV 기자와 한 인터뷰가 인상적이다. 기자는 클린턴 대통령에게 현직 대통령과 퇴임한 대통령의 가장 큰 차이를 물었다. 클린턴 대통령은 특유의 달변으로 이렇게 말했다.

"현직 대통령은 힘, 다시 말해 권력(Power)이 있습니다. 퇴임한 대통령은 힘이나 권력은 없죠. 하지만 여전히 영향력(Influence)이 있습니다."

그나마 대통령이나 정치인은 퇴임 후 영향력이라도 행사할 수 있다. 반면 일반인들은 현역 때 아무리 잘나갔다 하더라도 퇴임 후에는 금세 잊히는 동시에 평범해진다는 걸 잊어서는 안 된다. 잘나가는 현역 때 조금이라도 일찍 미래를 준비해야 하는 이유다. 특히 돈에 대해서는 구체적이고 세밀한 준비가 필요하다. 돈은 벼락치기로 준비할 수 있는 분야가 아니어서 오랜 기간 꾸준히 준비해야 한다.

일반적으로 나이를 먹을수록 돈에 대한 걱정은 많아진다. 수입은 늘더라도 지출이 더 빠른 속도로 증가하기 때문이다. 집 사느라 받은 대출이자 갚고 자식 키우다보면 월급은 어디로 갔는지 통장진고는 늘 비어 있다. 이쯤 되면 '이러다 직장에서 잘리면 정말 대책 없는데'라는 생각을 늘 달고 산다.

부모가 부자라서 물려주지 않는 한 돈에 쪼들리는 건 누구나 마찬가지다. 그렇다고 단기간에 큰돈을 모으는 엄청난 비법 같은 건 세상에 없다. 이럴 때는 돈에 대한 생각, 큰돈에 대한 관점을 확 바꿀 필요가 있다.

《논어》에 '아는 자는 좋아하는 자만 못하고, 좋아하는 자는 즐기는 자만 못하다'는 말이 있다. 저축이 필요하다고 인식하는 사람은 실제로 저축을 하는 사람을 따라갈 수 없고, 저축 생활자라도 진정으로 저축이 즐겁고 그 안에 꿈과 사랑을 담아가며 저축하는 사람을 따라갈 수 없다.

저축에도 요요현상 조심해야

올해 22세인 차선영 씨는 중소기업에서 경리업무를 맡고 있다. 고등학교를 졸업하고 2년 전 직장생활을 시작한 그녀의 연봉은 대략 1,400만 원 정도다. 월로 따지면 세후로 100만 원이 조금 넘는다. 하지만 그녀의 통장에는 3,300만 원이 넘는 돈이 있다. 2년 동안 한 푼도 안 쓰고 모아도 기껏해야 2,000만 원 정도일텐데 어떻게 이런 일이 가능할까?

차 씨는 중학교 3학년 때부터 아르바이트를 시작했다. 첫 달 아르바이트를 하고 32만 원이 생겼다. 보통 중학생 같으면 이 돈으로 스마트폰이나 아이팟을 샀을 것이다. 하지만 차 씨는 달랐다. 그녀는 조금 더 모아서 50만 원을 채우고 싶었다고 한다. 그 이후 그녀의 목표는 100만 원이 됐고 이렇게 차근차근 돈을 통장에 넣다보니 돈이 쌓였다고 한다. 직장 생활을 시작하기도 전에 이미 차 씨의 통장에는 1,000만 원이 넘는 돈이 들어 있었다. 부모님과 함께 사는 그녀는 지금도 매월 70만 원씩 저축하고 있다. 그녀의 다음 목표는 1억 만들기다.

만약 차 씨가 저축을 꼭 해야만 한다는 강박관념을 가지고 저축을 시작했다면 어떠했을까? 처음 1~2년은 만기 때까지 이를 악물고 버틸 수 있다. 하지만 다이어트 후 요요현상이 발생하듯 시간이 흐를수록 저축에 대한 스트레스와 강박관념으로 저축이 망가졌을 것이다. 중간에 샤넬 가방을 사든, 자동차를 사든 억눌렸던 뭔가가 터질 수밖에 없다. 그러면 저축은 망가진다. 저축만 망가지면 다행이지만 심리적인 상태도 함께 망가진다.

차 씨는 왜 저축을 잘할까? 차 씨는 돈을 좇는 유형이 아니다. 그렇다고 돈을 지배하는 유형도 아니다. 차 씨는 그냥 돈과 사이좋게 지내는 유형이다. 저축을 해야겠다는 강박관념이나 돈에 대한 심리적인 결핍도 없다. 돈에 대한 목표는 있지만 의무감으로 저축을 하지는 않는다. 무엇보다 그녀는 저축을 억지로 해야 한다는 스트레스가 없다. 이것이 가장 큰 장점이다. 그녀에게 저축은 놀이와도 같다. 차 씨처럼 돈 모으는 재미를 느끼는 사람들이 돈 관리를 잘한다.

저축에 꿈을 담아라

작은 목표를 달성하기 위해 매일 꾸준히 노력하는 게 무엇보다 중요하다. 월급에서 100만 원을 저축할 수 있는 사람이 30만 원만 저축하면서 금리가 더 높은 상품을 찾아 시간을 허비하는 건 낭비다. 높은 금리를 좇느니 차라리 매월 1만 원이라도 더 저축한다는 마음가짐이 바람직하다. 더 높은 금리를 찾거나 높은 수익을 찾는 것이 재테크이긴 하지만 목표를 세우고 돈을 저축하는 건 꿈을 향해 나아가는 것이다. 저축을 재테크 관점에서 보면 머리로 하게 되지만 저축에 꿈을 담으면 가슴으로 하게 된다. 단지 이성적으로만 재테크를 추구하는 사람은 목표를 달성하기가 매우 어렵다. 꿈은 가슴에 담아야 강력한 힘을 발휘한다. 머리에 담은 꿈은 계산적인 수준에 머물기 쉽기 때문이다.

국민건강보험공단의 통계에 의하면 소득 상위 20%가 하위 20%보다 6년 더 오래 산다. 돈이 있어야 죽음도 늦게 맞을 수 있게 된 것이다. 돈 걱정 없이 행복하게 오래 살고 싶지 않은가? 그렇다면 작은 목표를 세우고 꾸준히 준비해 나가야 한다. 저축하는 일을 단순히 돈을 모으는 일이라 생각하지 말고 꿈을 이루는 일이라고 생각하자. 머리로 돈을 대하면 돈 역시 우리를 머리로 대한다. 우리가 돈을 가슴으로 대한다면 돈도 우리 곁에 함께 머물러주는 좋은 친구가 돼준다.

작은 목표 달성이 큰 꿈을 이룬다

새해가 되면 건강 관리를 위해 운동을 시작하는 사람이 많다. 평소에 하지 않던 운동을 시작할 때는 꿈을 크게 갖는다. 온갖 관련 용품을 구비하고 회비도 6개월이나 1년 치를 한꺼번에 지불한다. 그러나 이내 작심삼일로 끝나서 돈만 버리는 경우가 허다하다.

저축이나 연금을 시작할 때도 이런 착오가 많이 발생한다. 자신의 수입과 지출을 온전히 파악하지 못하고 무리한 금액으로 시작하면 얼마 지나지 않아 중단하고 해약하기 쉽다. 불입 기간이 너무 길어도 중간에 지칠 수 있다. 기간을 길게 보고 모을 연금상품은 중간에 어떤 유혹이 생기거나 어떤 문제가 생겨도 중단하지 말아야 한다. 부담 없이 적은 돈을 습관처럼 모으는 노력이 필요하다. 반대로 기간을 1년이나 2년 정도로 짧게 보고 일정 금액을 모으는 훈련이 중요하다. 목표를 작게 잡으면 달성하기 쉽다. 그렇다고 해서 별 노력 없이 달성할 수 있는 목표는 목표가 아니다. 아무런 성취감도 얻을 수 없기에 다음 목표가 생기지 않는다. 커피 값을 아껴서 100만 원을 모을 수 있다는 계산이 선다면 목표는 120만 원 정도로 잡아야 한다. 목표란 실현가능성도 중요하고 노력을 통해서 얻는 성취감도 중요하다. 돈은 평생 동안 관리해야 한다. 지금부터라도 돈에 대한 올바른 습관을 가져야 한다.

작은 목표 달성이 성과를 얻는 경우는 스포츠에서도 빛을 발한다. 매 시즌 야구팬들로부터 찬양과 비난을 동시에 받는 김성근 감독의 야구를 보아도 그렇다. 김성근 감독은 항상 '오늘 이기는 야구'를 추구한다. 큰 점수 차로 이기고 있는 경기라도 한 베이스 더 진루시키려는 작전이 많다. 상대 팀을 배려하지 않는다고 욕을 먹기도 하지만 혹시 모를 상황을 대비해 확실히 이기는 경기를 하는 것이다. 이러한 노력이 결국 일정한 성과를 얻는 기록으로 남는다는 것을 누구도 부정하지 못한다.

프로야구 선수 중에 가장 많은 기록을 보유한 선수가 있다. 바로 양준혁이다. 18시즌 동안 통산 2,318개의 안타와 351개의 홈런, 그리고 3할대의 타율을 기록했다. 발이 느린 그가 대기록을 세울 수 있었던 것은 한 타석의 소중함을 알고 열심히 뛰었기 때문이다. 평범한 땅볼을 치더라도 항상 1루로 전력 질주해서 내야안타가 되는 일이 생기곤 했다. 이런 작은 목표 달성이 쌓여서 그의 기록이 됐다. 안타 하나 더 치려던 노력이 종종 홈런으로 이어져서 홈런왕도 아니던 그가 홈런 부문의 대기록도 남긴 것이다. 야구에 대한 그의 철학을 밝힌 말 중에서 퇴직을 준비하는 사람들에게 꼭 들어맞는 말이 하나 있다.

"오늘 저금해놓아야 내일 부진하거나 아파도 견딜 수 있다."

오늘 못하면 내일도 못한다

직장은 언제든 나를 버릴 수 있다. 그러면 또 다른 직장이나 일을 찾아나서야 한다. 이때 통장에 비축해둔 돈이 있으면 한결 든든해진다. 거꾸로 돈을 많이 모았다면 내가 언제든 직장을 버릴 수도 있다. 오늘도 회사일로 쫓기고 돈 걱정이 그칠 날이 없다. 그래도 저축을 시작해야 한다. 오늘 못하는 저축을 내일은 할 수 있을 거라 생각하면 착각이다. 우리는 오랜 기간 일을 해야 하는 장수시대에 살고 있다. 젊은 시절 저축할 여력이 있었을 때 저축을 못한 것을 후회할 시간도 없고 그래봐야 소용도 없다.

지금 시작해도 늦지 않다. 배가 고프면 밥을 먹듯 적은 돈이라도 습관처럼 꾸준히 저축을 하면 된다. 저축을 못하는 사람은 큰돈만 생각한다. 그러니 저축이 안 된다. 1,000원, 1만 원 단위로 저축해 나가자. 우리는 과거처럼 60세 시대도, 80세 시대도 아닌 100세+ 시대를 살고 있다. 오늘부터 돈에 대한 생각과 습관을 바꾸자. 너무 큰 목표를 세우면 지친다. 작은 목표를 세우고 달성해 나가자. 내일은 어떤 일이 생길지 모른다. 오늘 최선을 다하는 것, 이런 노력들이 꾸준히 이어져야 한다. 그래야 100세까지 돈 걱정 없이 살 수 있다. 돈에 대해 즐겁게 생각하자. 적은 돈도 부지불식간에 큰돈이 된다.

저축하기에 늦은 때는 없다

월급보다 좋은 재테크는
없다

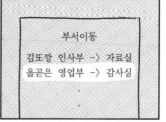

직장생활을 시작한 게 엊그제 같은데 어느덧 시간은 빠르게 흘러서 부장까지 왔다. 신입 때는 선배들이 까마득하게 많았는데 이제는 후배들이 훨씬 더 많다. 중년이 되고 부장 정도 되면 회사가 편해지고 사는 게 넉넉해질 줄 알았는데 뭐 하나 녹록한 게 없다. 아직 할 수 있는 일이 많은데 젊은 세대들은 벌써 구세대 취급하는 것 같다. 회사 실적이 조금 나빠진다 싶으면 위고 아래고 할 것 없이 괜한 눈치만 보이는 자리다.

"나는 지금까지 앞만 보고 달려왔어."

중년을 넘어서서 한 번쯤 인생을 돌아볼 때 하는 말이다. 회사에만 매여서 가족이나 친구를 챙기지 못하고 건강을 살피지 못했을 때 후회하면서 하는 말이기도 하다. 그러나 이 말에는 중요한 교훈이 숨겨져 있다. 앞만 봤기 때문에 지금의 자리까지 올 수 있었다는 사실이다.

높은 산을 오를 때 초반에 가파른 고개 하나 넘고 나면 '언제 저 꼭대기까지 올라가나' 하는 마음에 한숨을 쉰다. 그럴 때 등산을 즐기는 사람들은 이렇게 충고한다.

"멀리 보지 말고 바로 앞만 보면서 올라가라. 아니면 앞사람의 뒷

모습만 쫓아라. 그러다 보면 꼭대기가 보인다."

처음부터 너무 높은 곳을 바라보면 누구나 올라갈 엄두가 나지 않는다. 차근차근 앞을 보면서 올라가야 다 오를 수 있다. 지금 나는 어느 위치에 있는가? 차장인가, 부장인가? 지금 자리에 한 번에 오른 사람은 없을 것이다. 주임, 대리, 과장 등을 거쳐서 올라온 자리다.

퇴직 이후를 준비하는 것도 마찬가지다. 당장 시작할 수 있는 것을 찾아보자. 바로 앞에 있는 작은 언덕부터 올라가자. 그리고 퇴직 후 성공한 인생을 살아가는 사람을 찾아보자. 그 사람의 뒷모습을 놓치지 않고 따라가는 것도 인생의 지혜다. 한 번에 완벽하게 준비하고 퇴직하는 사람은 없다. 오늘부터 하나하나씩 준비하다보면 결국 그 산을 오르게 될 것이다.

자본의 가치보다 노동의 가치가 높아진 시대

지금 우리는 고령화 저성장 시대를 살고 있다. 앞으로 10년 후 미래를 정확히 예측할 수는 없지만 지금보다 갈수록 돈 관리가 어려워질 것이라는 점은 확실하다. 반대로 올 부장이 신입사원이던 시절에는 금리가 높아서 돈 관리하기가 용이했다. 90년대 중반까지만 해도 우리나라는 고성장을 구가했다. 그때는 취직도 잘되고 월급도 꾸준히 올랐다. 경제가 빠르게 성장하다보니 돈에 대한 수요도 많았다. 기업이든, 가정이든 돈을 빌려서 투자해도 남는 장사를 할 수 있었다. 가장 대표적인 것이 부동산 투자다. 대출 받아서 집이나 땅 사놓고 기다리면 가격이 어마어마하게 오르다보니 대출이자 내고도 훨씬 남는 장사였다.

당시는 예금 금리도 높았다. 은행 입장에서는 예금이자를 많이 주더라도 더 높은 금리로 대출을 해줘서 돈을 벌 수 있었기에 예금 이자를 많이 주는 건 별 문제가 아니었다. 90년대에는 1년 만기 예금 금리가 10%를 훌쩍 넘었다. 은행보다 이자를 더 주는 마을금고나 종합금융회사 같은 2금융권에 가면 연 15% 이상의 이자도 받을 수 있었다. 그렇다면 연 이자율 15%의 위력은 어느 정도일까?

당시 연 15%를 주는 예금에 1억 원을 맡겼다면 이자에 붙는 세금(15.4%)을 떼고도 매월 100만 원이 넘는 이자를 받았다. 지금은 상상하기도 어려운 엄청난 액수다. 언제든 입출금이 가능한 증권사 CMA통장에 1억 원을 넣어두어도 한 달 이자로 100만 원을 너끈히 받았던 시절이었다.

그런데 지금은 발품, 손품 다 팔아도 은행권 기준으로 연 2% 이상 이자를 받기 힘들다. 연 2%의 이자라고 함은 1억 원을 넣어놓아도 세금 떼고 매월 14만 원 정도밖에 받지 못한다는 의미다. 세금이 없더라도 매월 이자로 100만 원을 받으려면 6억 원을 넣어두어야 한다.

(이자소득세 15.4% 무시)

금리	연15%	연12%	연10%	연5%	연2%	연1%
필요한 돈	8,000만 원	1억 원	1억 2,000만 원	2억 4,000만 원	6억 원	12억 원

올 부장이 신입사원이던 90년대의 1억 원과 퇴직을 앞둔 지금의 1억 원은 받는 이자만으로도 하늘과 땅 차이가 난다. 올 부장이 지금 퇴직을 해서 1억 원 정도를 위로금으로 받는다면 어떨까. 금리가 낮은 상태에서는 올 부장이 받는 1억 원을 은행에 넣어둔다고 해도 풍요로운 노후와는 거리가 멀다. 하지만 올 부장이 계속 일해서 매월 100만 원을 번다면 이야기는 달라진다.

매월 100만 원을 번다는 건 금리 연 2% 기준으로 세금을 감안하면 통장에 7억 원 정도를 넣어두고 이자를 받는 것과 같다. 이렇게 금리가 낮을 때는 상대적으로 노동의 가치가 높다. 위로금이나 퇴직금이 굉장히 많지 않다면 월급 받으면서 회사에서 버티는 것이 낫다. 회사를 계속 다니려면 한직으로 밀려나는 등 온갖 굴욕을 견뎌야 할 수도 있다. 하지만 당장 대안 없이 밖에 나가면 매섭게 불어치는 세찬 바람과 마주해야 한다. 아직 준비가 덜 됐다면 좀 더 시간을 벌면서 견디는 것도 방법이다. 그렇다고 무조건 지금 회사에 붙어 있으라는 말은 아니다. 매달 정기적인 수입을 얻을 수 있는 일이 중요하다는 뜻이다.

인생에서 필요한 자금을 정확히 예상하는 것은 불가능하다. 불확실성에 대비하기 위해 오래 일하는 게 매우 중요해졌다. 금리와 물가는 물론이고 실제 남은 수명 등 변수가 많아 노후자금을 산정하기가 힘들어진 것이다. 변수가 많은 상태에서 얼마의 자금이 앞으로 필요한지 예측하는 건 위험하다. 여러 금융회사를 통해 흔히 나오는 예상 노후자금 역시 참고사항일 뿐 미래의 경제상황에 따라 필요자금은 얼마든지 바뀔 수밖에 없다. 불과 몇 년 전만 해도 이렇게 금리가 낮아질 줄 예측하지 못했다. 미래의 금리 역시 예측하기 힘든 건 마찬가지다.

연금은 험한 세상을 건너는 다리

노인 인구가 많아지고 젊은 인구가 줄어드는 국내 상황을 감안하면 저성장, 저금리가 오랜 기간 이어질 가능성이 높다. 하지만 전 세계적으로 금리가 매우 낮은 상태에서 빠른 경기회복과 물가 상승 등 예기치 못한 변수가 생기면 금리가 크게 오를 가능성도 있다. 우리에게는 통일이라는 큰 변수도 있다. 이 변수가 우리의 미래와 노후에 어떤 영향을 미칠지도 관심을 갖고 대응해야 한다. 전세가 대세

였던 시절에 지금처럼 월세시대가 빨리 올 것을 예상하지 못했던 것처럼 앞으로 10년 후의 미래 역시 지금 생각했던 것과는 많이 다를 가능성을 열어둬야 한다.

자금을 관리할 때 많은 영향을 미치는 게 금리와 물가상승률이다. 이런 변수들을 늘 관심 있게 살펴보고 변화에 대응해야 한다. 특히 돈에 관한 계획은 보수적인 관점에서 접근해야 안전하다. 저금리, 저성장을 가정하고 자금을 준비하는 게 위험을 줄일 수 있는 방법이다. 이자를 조금밖에 받지 못한다는 가정하에 자금을 계획하자. 문제는 저금리가 오랫동안 지속된다면 목돈으로도 해결책을 찾기가 쉽지 않다는 점이다. 보유한 재산을 은행에 넣어두고 이자로 버티려면 굉장히 많은 돈이 필요하기 때문이다.

이런 부담을 덜기 위해서는 매월 연금이나 연금처럼 통장에 돈이 들어오는 재원을 최대한 겹겹이 쌓아올려야 한다. 이 중 가장 기본은 3층 연금이다. 3층 연금이란, 1층 국민연금, 2층 퇴직연금, 3층 개인연금을 의미한다. 하지만 3층 연금만으로 풍요로운 노후자금을 만들지 못할 가능성이 높다. 따라서 할 수 있는 한 3층 기둥 위에 4층, 5층, 6층을 올려야 한다.

우선 일하는 동안 틈틈이 목돈을 만든다. 그런 후 목돈을 활용해 연금을 받는 상품을 활용한다. 예를 들어 즉시연금이나 일시납 연금, 혹은 월지급식 상품들로 4층을 쌓는 것이다. 집이 있을 경우 집을 담보로 맡기고 연금을 받는 주택연금으로 그 위에 5층을 쌓고,

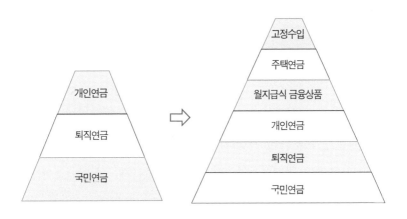

재취업이나 아르바이트를 통한 고정수입으로 6층을 쌓는다면 남에게 아쉬운 소리 할 이유가 없어질 것이다. 적은 돈이라도 각 층으로부터 일정한 돈이 창출되도록 만드는 것이 중요하다.

특히 1층을 구성하는 국민연금은 누가 뭐래도 가장 중요한 기틀이다. 국민연금에 대한 관심이 높아지긴 했지만 부정적인 시각도 많다. 그렇지만 아직까지는 낸 돈 대비 훨씬 더 많이 받는다는 점과 매년 물가를 감안해 연금수령액을 올려준다는 것만으로도 국민연금의 매력은 높다. 얼마나 내고, 얼마나 받을지 궁금하다면 자세한 사항은 국민연금 홈페이지를 방문하거나 콜센터 1355로 문의하면 쉽게 알아볼 수 있다.

직장인이 아닌 자영업자나 프리랜서의 경우에는 아직까지 퇴직연금이 없다. 이런 이유로 자영업자나 프리랜서는 개인연금상품 등을 통해 직장인보다 소득의 5~10%포인트를 더 저축해야 한다. 예를 들어 직장인이 소득의 10% 정도를 개인연금에 저축한다면 자영업자나 프리랜서는 소득의 15~20%를 개인연금을 통해 꾸준히 저축해야 한다.

개인연금을 이용할 때 한 가지 유념해야 할 것이 있다. 저금리 시대에서는 투자상품을 잘 활용해 수익률을 높여야 한다. 돈이 많아서 저축금액이 크다면 위험을 감수할 필요가 없다. 그렇지 않다면 중장기적인 관점에서 꾸준히 금리+α의 수익을 달성하도록 해야 한다. 금융에 대한 기본기는 물론이고 금융상품에 대한 활용법, 투자에 대한 공부와 경험을 통해 수익률을 높이려고 노력해야 한다.

올 부장처럼 직장생활이 힘들어서 당장 때려 치고 싶을 때가 한두 번이 아닐 것이다. 그러나 매월 100만 원을 이자로 받기 위해서는 7억 원이 넘는 돈이 필요하다는 걸 기억하고 현명하게 대처해야 한다.

지금 당장 회사를 나가더라도
매월 꾸준한 돈을 벌 수 있을까?

3장

남들 하는 대로
퇴직연금

$\vdots$

모두 잠든 밤에 시끄러운 소리가 나면 신경이 거슬린다. 그런데 한밤중이라도 반가운 소리가 있었다. 수도꼭지에서 물 나오는 소리다. 조금이라도 높은 지대에 살았던 사람이라면 누구나 경험했을 것이다. "물 나온다!"고 어머니가 외치면 온 식구가 내복 차림으로 나와서 양동이며 고무 다라이에 열심히 물을 받았다. 그렇게 모두가 잠든 시간에라도 나오는 물이 더없이 소중했다. 졸린 눈을 비비고 담은 물을 한껏 모아둬야 하루 이틀 동안 가족들이 요긴하게 사용할 수 있었다.

"넌 돈 걱정하지 말고 공부만 열심히 하면 돼."

어렸을 때 부모님으로부터 흔히 들었던 말이다. 이런 말을 듣고 자라다보니 우리 세대는 돈에 대해 알려고 하지 않았다. 학교에서도 돈에 대해 알려주지 않는다. 돈에 대해 무지한 상태에서 직장에 취직해 월급을 받았으니 제대로 돈 관리가 될 리가 없다.

다음의 질문에 답해보자.

- **질문 1** 물가상승률이 3%라면 지금 1,000만 원으로 구입하는 것과 1년
  뒤 1,000만 원으로 구입하는 것 중에서 어느 쪽 물건(같은 상품)

의 양이 더 많을까?

- **질문 2** 100만 원을 예금했는데 이자율이 연 2%라면 1년 뒤에 얼마나
  받을까?

〈질문 1〉에 대한 답은 '지금'이다. 1년 뒤에는 물건 값이 3% 오르니 같은 금액으로 지금보다 살 수 있는 물건의 양이 적기 때문이다. 쉽게 느껴지는 질문이지만 참여자 중 절반이 넘는 53.3%가 이 질문에 틀린 대답을 했다. 〈질문 2〉에 대한 답은 102만 원이다. 이자율이 연 2%라면 1년 뒤에는 원금과 이자를 합해 102만 원(세금 제외)을 받는다. 이 질문에도 31.6%가 잘못 답했다.

우리나라 사람들의 금융에 대한 이해도는 어느 정도일까? 금융감독원이 2014년 8월부터 4개월 동안 성인남녀 2,400명을 대상으로 기초 금융지식에 대한 이해도를 측정한 적이 있다. 여기에는 이자율, 원금 보장, 예금자보호제도, 물가상승률 등 금융과 경제의 기본 개념에 대한 내용이 담겨져 있었다. 측정 결과 사실상 금융 문맹에 가까운 사람들이 의외로 많았다. 위의 질문들도 당시 조사에 사용됐던 것이다. 금융지식이 없다보니 주식이나 펀드 등 투자에 대한 지식은 더욱 엉망일 수밖에 없다.

저금리에 은행에만 돈을 맡기는 건 손해

우리나라 사람들의 금융지식의 무지함은 여러 곳에서 나타난다. 마스터카드사가 아시아태평양 16개국을 대상으로 금융지식지수(Financial Literacy Index) 조사를 한 적이 있다. 이 지수 조사에 의하면 한국 여성의 금융지식 수준은 베트남, 방글라데시, 미얀마 여성의 수준보다 낮다. 금융의 기본 개념인 복리를 이해하는 주부는 21.9%에 불과했을 정도다.

금융지식이 낮다보니 많은 사람들이 돈을 은행이나 증권사 등에 맡기면 내 돈이 어떤 원리로 굴러가는지 잘 모른다. 게다가 가르쳐주는 사람도 없으니 금융상품을 제대로 살펴보지도 않고 가입하고 주식이나 펀드는 무조건 위험하다고 생각한다. 상황이 이렇다보니 직장인들이 퇴직연금 중에 어떤 상품이 내게 적합하고 좋은지 선택하는 건 너무 어려운 일이다. 금리가 낮아서 그냥 은행에 넣어두기는 아깝다. 그렇다고 다른 대안을 찾자니 어렵고 두렵게 느껴진다. 주변을 봐도 주식으로 돈 날리고 펀드로 손해 본 사람들만 있다. 주식과 펀드에 제대로 투자하지 못해서 발생한 일인데도 손해 볼 수 있다는 편견만 가지고 있다. 결국 금리가 낮아도 안전한 것만 생각하게 된다.

하지만 펀드와 주식투자는 제대로 하면 장기적으로 좋은 결과를 얻을 수 있다. 좋은 주식을 쌀 때 매수해 장기로 보유하면 위험은 낮추고 수익률은 높일 수 있다. 펀드 투자 역시 좋은 펀드를 선택해 장기 투자하면 성공 확률이 높아진다.

안전하다는 생각에 예금과 같은 금리상품으로만 퇴직연금을 운용한다면 풍요로운 노후가 보장되기 힘들다. 국내든, 해외든 안전하고 우량한 곳을 선택해 10년 이상 장기 투자한다는 원칙만 지킨다면 퇴직연금이야말로 펀드를 이용할 만한 좋은 대상이다. 펀드 투자나 주식 투자에 실패한 사람들은 주식시장이 과열됐을 때 많이 오른 주식에 단기 투자한 경우가 대부분이다. 혹은 금융회사 직원들이나 주변 사람들의 말만 듣고 이미 많이 오른 국가에 멋모르고 투자한 경우다. 펀드나 주식 투자에서 손실을 보는 이유는 빨리 큰돈을 벌려는 욕심이 앞서거나 귀가 얇아 다른 사람의 말에 잘 휘둘리기 때문이다.

물가가 3% 오르는 상황에서 은행 금리가 2%라면 은행에 돈을 넣어두면 손해. 내 돈 1,000만 원의 가치는 1년 뒤 3%가 하락하는데 은행에서 내 돈은 2%만 불어나기 때문이다. 여기에 예금이자에 붙는 세금(15.4%)까지 떼면 손해율은 더 커진다. 1년 후가 아니라 나중에 쓸 퇴직연금은 10년 후 혹은 20년, 30년 후의 일이 될 수도 있다. 시간이 길게 흐를수록 이 손해율 격차는 더 커진다. 안전한 상품이라고 해서 그것만 고집한다면 큰 수익을 기대하기는 어렵다. 나중에 나이 들어 연금으로 생활해야 할 때 퇴직연금 통장에 있는 돈의 실제 가치가 줄어든다면 나의 노후는 가난해진다.

퇴직연금 트레이닝

적절한 금융상품 활용이 중요한 건 우리가 생각보다 더 오래살 수 있는 위험에 직면해 있기 때문이다. 단순히 조금 더 오래가 아니라 훨씬 더 오래 살 수 있다고 가정해봐야 한다. 하지만 오래 사는 것에 비해 모아놓은 돈과 일할 수 있는 시간은 한정돼 있는 게 현실이다. 직장인을 대상으로 잡코리아가 조사한 '체감정년퇴직연령'은 48.8세(2013년 기준)이고 전국경제인연합회가 조사한 경제 나이는 50.8세(2015년 기준)다. 100세를 준비하기에는 퇴직 시기가 너무 빨리 다가오고 있다.

　국가가 개인의 풍요로운 노후를 책임지지 못하는 상황이라면 어떻게 해야 할까? 첫째, 최대한 오래 일해야 한다. 둘째, 지금부터 최선을 다해 퇴직연금과 개인연금을 적극적으로 늘려서 소득이 끊길 때를 대비해야 한다. 국가가 관리하는 국민연금은 개별적으로 수익률을 관리할 수 없다. 하지만 개인연금과 퇴직연금은 다르다. 자신이 선택한 상품을 통해 수익률을 관리할 수 있다. 오래 일하는 것도 중요하지만 지금 있는 자산을 최대한 활용하는 전략이 필요하다. 직장인이라면 개인연금뿐 아니라 회사가 가입해주는 퇴직연금을 잘 관리해야 한다. 회사가 퇴직연금 계좌에 넣어주는 돈은 같아도 동료 직원은 노후에 해외여행 갈 돈을 만들었는데 나는 국내 여행 가기에도 빠듯할 수 있다.

여행은 그나마 선택의 문제다. 동료 직원은 퇴직연금 통장에 20년 동안 쓸 아파트 관리비를 만들었는데 나는 겨우 10년 정도 버틸 관리비밖에 못 만들었다면 관리비 부담으로 추운 겨울이 싫어질 수 있다. 지금부터라도 퇴직연금에 관심을 가져야 한다. 지금처럼 저금리 시대에는 이자로 돈을 굴리는 상품으로는 돈이 불어나기 힘들다. 퇴직연금도 적절하게 투자상품으로 노후자금을 불려나가야 할 필요성이 커진 것이다. 그런데도 여전히 많은 직장인들이 퇴직연금에 대해 무지하고 무관심하다. 심지어는 퇴직연금과 퇴직금의 차이도 잘 모른다. 퇴직금과 퇴직연금은 어떻게 다를까?

퇴직연금은 목돈으로 퇴직금을 받으면 이내 써버리고 훗날 노후자금이 부족해지는 걸 막기 위해 만든 제도다. 기존 퇴직금제도는 중간 정산으로 많은 금액을 써버리거나 퇴직할 때 한꺼번에 받더라도 자녀를 지원하는 등 노후자금으로까지 연결되기 어려웠다. 때로는 회사가 부실해져서 퇴직금이 사라지기도 했다.

이러한 문제점을 해결하기 위해 도입된 제도가 퇴직연금이다. 퇴직연금에는 몇 가지 특징이 있다. 첫째, 쉽게 찾아 쓰지 못하게 만들어서 노후자금으로 이어지도록 했다. 둘째, 퇴직연금을 별도의 금융회사에 보관하게 함으로써 회사가 재정적으로 어려워지더라도 퇴직연금이 지켜질 수 있도록 했다. 셋째, 직장인들이 퇴직연금을 운영하는 방식을 선택할 수 있게 했다. 자신의 성향에 따라 퇴직금을 관리하고 불려나갈 수 있는 선택권이 있는 것이다.

퇴직 후 수입 공백기를 대비하라

생각보다 훨씬 오래살 수 있는 시대에 퇴직연금은 아주 소중한 자산이다. 퇴직연금을 잘 관리해 노후에 필요한 자금을 최대한 확보하고, 국민연금이 나올 때까지 발생할 수 있는 연금 공백기 때 효율적으로 활용해야 한다. 퇴직연금을 남들 하는 대로 대충 선택했더라도 이제는 꼼꼼히 들여다보자. 내가 가입한 퇴직연금의 금리가 너무 낮은 건 아닌지, 수익률이 형편없는 건 아닌지 숫자를 확인해보자.

가입한 퇴직연금의 금리나 수익률이 연 2% 정도밖에 안 된다면 그대로 둘 것인가? 연 2%의 수익률이라면 매년 복리로 굴려도 36년이 지나야 겨우 원금이 2배로 늘어난다. 연 3%로 수익률을 높이면 이 기간이 24년으로 줄고 연 5%로 조금 더 올리면 14년으로 준다. 눈을 부릅뜨고 노력해 연수익률을 8%로 높일 수 있다면 불과 9년 만에 원금의 2배로 늘어난다. 이렇기 때문에 회사에서 납입하는 돈이라고 해서 퇴직연금을 그대로 방치해두는 것은 손해다. 퇴직연금을 활용해서 펀드를 장기적으로 운용하는 것도 수익률을 높일수 있는 한 가지 방법이다.

퇴직연금은 근로자가 55세 이상이 되고 가입기간이 10년이 넘을 경우 연금형태로 받을 수 있다. 이 조건을 충족하지 못하면 일시금으로 받아야 한다. 조건을 충족하더라도 연금으로 받지 않고 일시금으로 받을 수도 있다. 하지만 일시금으로 받는 건 되도록 지양해야 한다. 애먼 곳에 투자해서 회수하지 못하거나, 섣부른 창업으로 목돈을 잃거나 하면서 흐지부지 없어질 수 있기 때문이다. 퇴직연금은 반드시 연금으로 받는 것이 안전하다. 또한 퇴직연금은 회사를 그만두고 국민연금이 나오기까지 공백 기간이 발생할 때 활용한다면 가치가 높아진다. 예를 들어 60세에 퇴직하고 국민연금이 65세부터 나온다면 5년간의 연금 공백 기간이 발생한다. 5년간의 공백 기간을 퇴직연금으로 보완한다면 많은 힘이 된다.

퇴직연금이 도입된 지 오래되지 않아서 많은 사람들이 아직 그 중요성을 실감하지 못하고 있다. 하지만 시간이 지나서 노후가 찾아오면 지금 생각하는 것보다 엄청나게 그 중요성을 절감하게 될 것이다. 직장인이라면 당연히 퇴직연금에 많은 관심을 갖고 정성 들여 키워야 한다. 퇴직연금이 잘 늘어나고 있는지 정기적으로 확인해야 한다.

나이가 들수록 목돈을 만들어놓는 것보다 매월 현금이 발생하도록 자산을 구성하는 것이 현명하다. 예전에는 할머니들이 장판 밑에 돈을 잔뜩 숨겨놓았다가 쓰지도 못하고 돌아가시거나 온돌방에 태워먹었다는 이야기가 종종 있었다. 노후가 되면 아무리 목돈이 있더라도 불안해서 함부로 쓰지 못한다. 내일 어떤 일로 많은 돈이 필요할지 알지 못하기 때문이다. 오히려 적은 돈이라도 매월 일정 수입이 발생하는 구조가 좋다. 일정 수입 안에서 지출하면 되기 때문이다.

금리가 낮을 때는 특히 그렇다. 수돗물이 콸콸 나오지 않더라도 조금씩 끊임없이 나오면 그럭저럭 생활이 가능하다는 것을 부모님 세대는 잘 알고 있다. 퇴직연금을 잘 활용해서 수돗물을 더 많이 나오게 만드는 건 내가 퇴직연금을 얼마나 잘 관리하느냐에 달려 있다.

퇴직연금은 절대로 마르지 않게!

오래 묵힐수록 돈이 되는
우량 펀드

　부동산을 10년 이상 가지고 있는 사람은 많지만 펀드에 10년 이상 투자하는 사람은 매우 드물다. 만약 국내 주식형 펀드를 부동산이라 생각하고 오래 가지고 있다면 어떤 결과가 있을까?

　만약 엉덩이 무겁게 10년을 버텼다면 국내 주식형펀드의 지난 10년간 평균수익률은 52.9%였다. 이를 세부적으로 들여다보면 일반 주식형 펀드의 평균수익률이 52.5%, 배당주 펀드가 99.3%, 중소형주식형 펀드가 126.1%였다(2016년 1월4일 기준, 자료 출처 제로인). 배당주 펀드와 중소형주 펀드의 수익률이 상대적으로 좋았다. 얼핏 보면 굉장히 높은 수익률은 아니다. 하지만 이는 평균수익률이고 일관된 투자 철학을 가진 우량한 펀드들의 10년 수익률은 이보다 훨씬 좋다.

　예를 들어 신영밸류고배당이나 동양중소형고배당펀드 등 우량 펀드의 경우 10년간 누적 수익률이 각각 187.1%(신영밸류고배당)와 221.8%(동양중소형고배당)였다(2016년 1월4일 코스피 종가 1,918포인트 기준). 신영밸류고배당펀드나 동양중소형고배당펀드에 1,000만 원을 묻어두고 10년을 기다렸다면 2,871만 원과 3,218만 원이 됐다는 의미다. 지난 10년 동안 금융위기(2008년)가 있었고 2015년 연말과 2016년 연초에 유가 하락, 중국 경제 침체 우려감 등으로 전 세계 주식시장이 크게 하락한 점을 감안하면 결코 나쁜 수익률은 아니다. 특히 최초 설정일 이후 누적 수익률은 놀라운데, 펀드가 출시된 날부터 투자한 실제 고객의 수익률은 신영마라톤펀드가 440.4%(2002년 4월25일 ~ 2016년 1월4일 기준)였고, 신영밸류고배당펀드는 무려 566.7%에 이른다(2003년 5월26일 ~ 2016년 1월4일, 자료 출처 제로인).

　반면 연 2%의 이자를 주는 예금통장에 1,000만 원을 10년간 넣어둬봤자 손에 쥐는 이자는 원금 1,000만 원의 20%인 200만 원에 불과하다. 10년 후 원금과 이자를 합해 1,200만 원을 찾는 것이다.

| 10년 이상 된 우량한 국내 주식형 펀드 수익률 |

(2016년 1월 4일 기준. 단위 : 억 원 ,%)

펀드명	소유형명	설정일	운용설정액	2015년	1년	2년	3년	5년	10년	설정 후
동양중소형고배당자 1(주식) ClassC	중소형 주식	20050308	2,230	13.58	12.43	36.15	51.35	58.55	221.80	382.32
신영밸류고배당자 (주식)C형	배당 주식	20030526	30,224	12.07	11.86	22.44	41.63	51.90	187.07	566.62
맥쿼리뉴그로쓰자 1 (주식)종류A	중소형 주식	20051201	358	21.04	19.92	24.86	36.90	71.07	181.96	200.43
미래에셋성장유망중소형주자 1 (주식)종류C1	중소형 주식	20050126	1,209	30.50	29.25	45.11	53.88	60.99	138.68	368.40
미래에셋소비성장자 1 (주식)종류A	테마 주식	20051230	1,310	12.66	10.40	24.03	33.50	49.66	135.86	135.88
신영프라임배당 [주식]종류C 1	배당 주식	20041116	2,036	7.03	6.82	17.46	33.55	30.10	133.21	275.85
한국투자네비게이터 1 (주식)(A)	일반 주식	20051220	11,229	15.53	14.72	16.75	12.84	10.83	129.74	134.88
신영프라임배당적립식[주식] (종류C 1)	배당 주식	20050118	826	8.81	8.58	11.97	23.26	20.31	124.60	240.44
신영고배당자 (주식)C1형	배당 주식	20041020	1,849	7.94	7.77	18.52	36.89	30.14	122.84	280.76
신영마라톤 (주식)A	일반 주식	20020425	9,158	11.14	11.08	11.04	22.13	26.68	119.78	440.46
칸서스하베스트적립식 1 (주식)ClassA 4	일반 주식	20041013	1,576	6.07	5.40	-0.60	1.02	-12.34	119.65	165.21

출처 : 제로인(www.funddoctor.co.kr)

4장

나이 들면
돈이 얼마나 많이 필요할까

| 회사를 그만둬도 돈 걱정 없는 인생

．
．
．

   어른이 돼 모교를 방문하면 이상한 느낌을 받는다. 어린 시절 한없이 넓어 보이던 운동장이 작게만 느껴지기 때문이다. 어릴 때 한참 뛰어도 끝에 닿지 않는 운동장을 한 바퀴 도는 건 수월하게 느껴질 정도였다. 운동장 크기가 줄어들 리는 없지만 몸과 마음은 자랐는데 늘 그대로인 운동장이 상대적으로 작게 느껴지는 것이다. 그런데 세월이 더 흘러서 할아버지, 할머니가 되면 또 달라진다. 손주 손을 잡고 운동회라도 참석하면 운동장이 다시 커져 있다고 느낀다. 젊은 시절에 비해 몸이 많이 약해졌기 때문이다. 운동장을 가로질러 가는 시간이 다시 오래 걸리기 때문이다.

   우리나라를 방문하는 중국 유커들을 보면 큰 씀씀이에 놀라게 된다. 고가의 물건이라도 대량으로 구매하는 사람이 많아서 관광업계의 중요 고객이다. 반면에 소득 수준이 높은 일본인들은 상대적으로 돈을 조금 쓰는 편이다. 이렇게 다른 소비패턴을 두고 국민성 때문이라고 분석하기도 하지만 더 중요한 이유는 두 나라의 경제발전 속도 차이 때문이다.

   중국인과 일본인의 씀씀이를 결정하는 가장 큰 요인은 미래를 바라보는 시각이다. 현재의 경제 사정과 함께 미래의 경제 사정을 예상해 소비의 범위를 정하기 때문이다. 최근 성장률이 떨어지긴 했지만 중국은 1978년 개혁개방 이후 30년 넘는 기간 연평균 9%가 넘는 경제성장률을 이어왔다. 반면 일본은 1990년대 이후 성장률이 거의 정체 상태다. 매년 소득이 엄청난 속도로 늘어나고 있어 지갑이 두둑해진 중국인들의 씀씀이와 소득이 크게 늘지 않은 일본인들의 씀씀이는 다를 수밖에 없다. 중국인들은 현재까지 이어진 소득의 증가 상태가 미래에도 이어질 것으로 생각하고 부담 없이 돈을 쓴다. 그러나 조만간 중국도 고령화 저성장으로 접어들면 씀씀이가 줄어들 가능성이 높다. 반면 일본인들은 앞으로도 크게 소득이 늘어날 것으로 기대하지 않아서 돈을 함부로 쓰지 않는다.

돈의 상대성 이론

미래 소득에 대한 생각은 우리 삶의 생애주기별 씀씀이에도 큰 영향을 미친다. 초등학교 시절 10만 원은 큰돈이다. 하지만 커갈수록 씀씀이도 커지면서 10만 원은 점점 적게 느껴진다. 이후 미래 소득이 늘어날 것으로 예상되거나 한참 돈을 버는 시기인 30~40대에는 10만 원이 대수롭게 보이지 않는다. 더 맛있고, 더 멋있는 것을 소비하다보면 10만 원은 초등학교 때의 1만 원보다 적게 느껴지기도 한다. 하지만 이 시기도 그리 오래 가지 않는다.

30대를 거쳐 40대 중반까지 펑펑 돈을 쓰던 친구들을 퇴직한 후 50대 혹은 60대에 다시 만나면 굉장히 검소해진다. 퇴직을 전후로 10만 원의 가치가 조금씩 올라가는 것이다. 퇴직 후에는 10만 원을 쓰더라도 여러 번 생각하고 쓰게 된다. 갑자기 돈의 가치를 새삼 깨닫게 되고 소중해지는 것이다.

나이가 들수록 사람들이 돈에 대해 소심해지는 건 왜일까? 나이를 먹을수록 10만 원을 벌기가 점점 힘들어지기 때문이다. 또한 자녀들이 대학을 졸업하고 직장을 다니게 되면 크게 돈 쓸 일이 줄어들어 30대나 40대 시절보다 적은 돈으로 생활하기가 용이해진다. 단순하게 생각하면 시간이 흐를수록 물가가 올라 돈 가치가 떨어져 생활비 지출이 더 늘어나야 한다. 하지만 연령대별 라이프 사이클에 따라 수입과 지출 규모가 최고점을 찍고나면 지출이 줄어드는 시기가 온다. 이로 인해 어느 정도 나이가 먹은 후부터는 돈 쓸 일이 줄어 개인적인 돈의 가치는 오히려 올라가게 된다. 돈에도 일종의 상대성 이론이 적용되는 것이다. 필요할 때는 적은 돈도 굉장히 요긴한 것이다. 이런 설명을 실감할 수 없다면 아직 나이가 젊거나 지금도 돈을 잘 벌고 있기 때문이다.

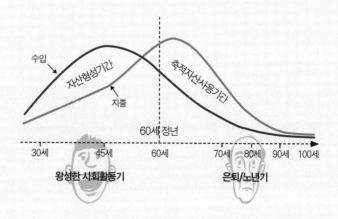

| 연령대별 수입과 지출 흐름도 |

수입
자산형성기간
지출
축적자산사용기간
60세 정년
30세　45세　60세　70세 80세　90세 100세
왕성한 사회활동기　은퇴/노년기

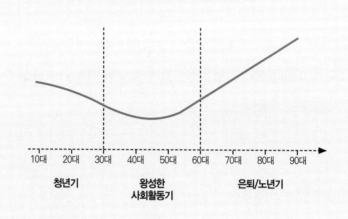

| 연령대별 돈의 체감 가치 변화 |

10대 20대 30대 40대 50대 60대 70대 80대 90대
청년기　왕성한
사회활동기　은퇴/노년기

나이 들었다고 돈이 많아야 하나

자녀가 독립할 시점을 전후로 은퇴 시점이 맞물리면 적은 돈도 과거에 비해 소중해지고 절실해진다. 돈이 적으면 누구나 불안하기 마련이다. 10만 원의 절반인 5만 원을 쓰는 데도 여러 번 생각에 잠기게 되는 일이 많아지면 노후가 가까워진 것이다. 그렇다면 노후를 위해 얼마나 많은 돈을 모아놓아야 할까?

당연한 말이지만 노후를 위한 돈은 많으면 많을수록 좋다. 특히 매월 나오는 연금의 금액을 여유 있게 확보하자. 풍족하게 연금을 받는 사람들은 그리 많지 않다. 우리는 퇴직하기 전에 노후를 위해 적은 금액이라도 평생 돈이 통장에 들어오는 현금흐름을 만들어놓아야 한다. 또한 그 금액은 충분하지 않더라도 매월 예측 가능한 금액이어야 한다. 지금 노력해도 많은 연금을 만들 수 없다고 낙담하지 말자. 노후자금 하면 막연히 많은 돈이 필요할 것으로 생각하는 사람이 많다. 하지만 구체적으로 연령대별로 구분해서 따져보면 부담감이 많이 줄어든다. 돈이 많이 들어가는 시기가 지나면 돈 쓸 일이 줄어들기 때문이다.

국민연금연구원 조사에 따르면 노후를 살아가는 데 필요한 최저 생활비는 노인 부부 160만 원, 개인 99만 원으로 노후 생활비 월평균 187만 원이 필요하다. 많은 언론 기사에서 이런 예상을 바탕으로 노후 필요자금의 규모를 일반인들이 감당하기 어려울 만큼 크게 잡기도 한다. 가령 한 달 생활비로 현재가치 200만 원이 필요하다고 정해보자. 특별한 경제활동 없이 30년의 노후 생활이 기다리고 있다면 단순 계산만으로도 7억2,000만 원이라는 거금이 필요하고 여기에 물가상승률까지 고려하면 이 금액도 모자란다고 말한다. 우리가 이런 계산법을 곧이곧대로 받아들일 필요는 없다. 노후에 대한 불안 심리를 높여서 개인연금상품 시장을 확대하려는 금융 논리가 어느 정도 깔려 있다는 점을 인식해야 한다.

NH투자증권 100세 시대 연구소의 '100세 시대 행복 리포트'에 따르면 연령대별 월 생활비는 60세 이후부터 10년 단위로 40%씩 줄어든다. 60대는 월평균 196만 원, 70대는 110만 원, 80대는 59만 원, 90대는 36만 원을 지출한다는 것이다. 물론 처한 상황마다 다를 수 있지만 분명한 건 70대를 전후로 지출 규모가 급감한다는 사실이다.

10년마다 돈이 새로운 꿈을 꾸게 하라

주변의 연금 생활자들을 잘 살펴보자. 그들이 느끼는 노후의 가장 큰 부담은 의료비를 제외하면 자식 지원 자금과 경조사비다. 실제로 60대까지는 지인이나 친척들의 자녀 결혼식 등으로 인해 지출되는 경조사비가 많다. 하지만 이 고비를 넘기고 70대 이후가 되면 자녀들에게 들어갈 돈과 경조사비가 거의 없어 돈 쓸 일이 많이 줄어든다. 따라서 국민연금으로 부부 합산 최소 월 100만 원 이상만 받는 구조를 만들어 놓는다면 70세 이후 노후자금 부담은 상당 부분 감소한다. 결국 개인연금과 퇴직연금 등으로 70세 이전 지출이 많은 시기를 잘 버텨내는 전략이 필요하다. 거기다 집 한 채라도 있다면 주택연금을 활용해 그럭저럭 아쉬운 소리 안 하고 노후를 보낼 수 있다.

노후를 연령대별로 구체화해서 10년 단위로 쪼개서 준비해보자. 나이가 들수록 많지는 않더라도 매월 일정하게 통장으로 들어오는 돈의 소중함을 실감할 수 있을 것이다. 따라서 적은 금액이라도 노후에 꾸준히 연금으로 받을 수 있도록 최선을 다해야 한다. 그리고 건강 관리 잘하고 마음 편하게 조금 더 일한다고 생각하면 된다. 한 걸음 한 걸음 최선을 다하다보면 누구나 편안한 노후를 누릴 수 있다.

근검절약하고 조금 더 일하고 남과 비교하는 마음만 없앤다면 노후의 10만 원은 젊었을 때보다 훨씬 큰 가치가 있다. 지금 당장 국민연금 예상 수령액을 확인하고 가입한 개인연금 증서를 꺼내보자. 국번 없이 1355번으로 국민연금공단에 전화를 걸거나 홈페이지를 방문하면 연금 수령 예상액을 알 수 있다. 퇴직연금이나 개인연금의 경우 가입한 금융회사에 문의하면 대략적인 연금 수령 예상액을 알 수 있다.

국민연금은 든든한 Back

월 10만 원이 소중해지는 시기에 국민연금은 아주 중요하다. 안타깝게도 최근 국민연금을 조기 수령하는 사람들이 늘고 있다. '국민연금 조기 노령연금'은 예정된 연금 수령 시기보다 최대 5년을 앞당겨서 받는 연금을 말한다. 국민연금에 가입한 기간이 10년 이상이면서 만 55세 이상인 사람이 돈을 벌지 못하는 경우에 받을 수 있다. 예를 들어 만 60세부터 연금을 받을 수 있는데 55세에 은퇴해서 소득이 없는 경우 55세부터 연금 수령이 가능하다. 하지만 예정보다 일찍 받을수록 연금수령액은 줄어드는데 1년씩 앞당길수록 연 6%씩 지급률이 줄어든다. 만약 5년을 앞당기면 지급률은 70%로 줄어든다. 즉, 1년 앞당기면 예정된 연금액의 94%, 2년 앞당기면 88%다. 이런 식으로 지급률이 낮아진다.

반대로 본인이 원할 경우 국민연금 수령을 최대 5년간 늦출 수 있다. 이럴 경우 1년 늦출 때마다 예정된 연금액의 7.2%를 더 받게 돼서 5년을 늦추면 최대 36%를 더 받을 수 있다. 서울 강남의 부유층들은 연금수령액을 높이기 위해 최대한 국민연금 수령시기를 늦춘다고 한다. 국민연금의 최대 장점은 평생 지급되고 매년 물가와 연동해 연금액을 늘려줘서 실제 화폐가치가 보존된다는 점이다. 이런 이유로 생각보다 오래 사는 시기일수록, 금리와 물가가 낮은 고령화 시대일수록 국민연금의 가치는 올라간다. 이때 국민연금을 조금이라도 더 받을 수 있다면 10만 원의 가치가 높아지는 인생 후반기의 삶이 훨씬 윤택해진다.

소득이 없어 할 수 없이 국민연금을 조기에 수령할 수도 있다. 하지만 조금 더 길게 보고 국민연금 수령액을 줄이지 않으려고 노력할 필요가 있다. 상황이 어렵다고 조기 수령을 선택하기에 앞서 눈높이를 낮춰 조금 더 일할 수 있는 곳을 찾는 것이 바람직하다.

적은 돈도 나이 들면 많게 느껴진다

5장

소비습관을
바꿔야 할 때

:

올 부장의 한 달 용돈은 10만 원이다. 지출 규모가 큰 경조사비는 아내가 대신 계좌이체한다. 출퇴근은 업무용 차량을 이용하고 점심은 주로 사내 식당에서 먹는다. 야근하면 당연히 업무추진비를 쓰고 평일 저녁의 절반은 부서 간 회식이나 타사 접대가 있어서 법인카드를 사용한다. 종종 친구들과 모임을 갖더라도 각자 법인카드로 돌아가면서 계산한다. 그다지 용돈이 필요할 일이 없다. 그런데 갑자기 부서가 바뀌면서 법인카드 사용이 제한됐다. 체면을 구기지 않으려면 개인카드를 사용할 수밖에 없다. 올 부장만의 일이 아니라 누구나 이런 난감한 경우를 맞이할 수 있다.

한 모임에 대기업에 다니던 임원이 있었다. 그는 모임에서 나이가 가장 많아 맏형 역할을 했다. 리더 기질도 있는데다 돈도 잘 쓰곤 해서 많은 회원들이 그를 좋아했다. 특히 골프를 치는 이들이 그를 반겼다. 골프를 치고 나면 그가 법인카드로 결제하곤 했기 때문이다. 그런데 올 초부터 모임에서 그의 모습을 보기가 힘들어졌다. 사람들은 대기업에 다니는 그가 회사일로 바빠서 못 나오는 줄로만 알았다. 몇 달 뒤 그가 회사를 그만뒀다는 소식이 들렸다. 그를 좋아하던 회원들은 이런 소식을 안타깝게 접하면서 '회사는 그만뒀더라도 모임에는 나올 수 있지 않을까' 하고 생각했다. 그와 관련해 이런 저런 이야기를 나누던 중 한 회원이 그가 못나오는 이유는 법인카드 때문일 수 있다고 이야기했다. 그러자 많은 이들이 고개를 끄덕이며 공감했다.

모임의 맏형이었던 그가 늘 앞장서서 계산을 한 원동력은 법인카드였던 셈이다. 그런데 회사를 그만둔 후 법인카드를 사용할 수 없게 되자 맏형으로서의 자존심을 지키기 힘들었을 것이라는 추측으로 이어졌다. 안타까운 생각이 들면서도 한편으로는 법인카드의 양면성을 생각하게 된다. 직장에 다닐 때는 품위를 지켜주는 강력한 무기였지만 퇴직 후에는 사람을 위축시키는 마약이 되는 것이다. 여자들의 예쁜 화장법과 비슷하다. 화장을 안 하면 외부 활동을 꺼려하는 여자들이 있다. 옷을 입지 않은 것처럼 부끄럽다며 어색해 한다.

허리를 늘리기는 쉬워도 줄이기는 어렵다

흔히 아파트 평수와 자가용의 크기를 줄이는 게 가장 힘들다는 말을 한다. 그만큼 한 번 늘어난 소비 성향을 줄이기는 힘이 든다. 하지만 금리가 낮을수록 절약의 힘은 커진다. 매월 100만 원씩 저축하는 사람이 한 달에 한 번 5,000원짜리 아메리카노 한 잔 안 마시고 매월 5,000원을 더 저축하면 0.5%포인트 이자를 더 받는 효과가 있다. 만약 술 마시고 택시를 자주 타는 사람이라면 한 달에 한 번씩만 택시를 덜 타고 1만 원을 더 저축하면 1%포인트 금리를 더 주는 적금에 가입하는 것과 마찬가지다.

소득이 적어지는 노후에는 고정비 부담을 최소화해야 한다. 모든 걸 스스로 부담해야 하기 때문이다. 보험료는 물론이고 자동차 유지비, 아파트 관리비 등 고정비가 모두 해당된다. 자동차 크기는 물론이고 집 크기도 합리적으로 줄여야 하는 건 기본이다. 회사가 제공했던 지원은 법인카드만이 아니다. 회사 콘도가 사라지면 여행 비용이 늘어나고, 회사가 지원해주는 의료비가 사라지면 병원에 가서 치료받는 것도 두려워진다. 자녀 학자금 지원은 말할 것도 없고, 상을 당하거나 자녀가 결혼할 때 들어오는 조의금과 축의금도 줄어든다.

이런 이유로 불필요한 곳에 돈을 덜 쓰는 검소한 생활 태도는 직장에 다닐 때보다 노후에 훨씬 큰 영향을 미친다. 노후를 위해 조금이라도 더 저축하는 것 못지않게 노후에 대비해 지금부터 조금이라도 더 절약하는 습관을 몸에 배도록 하는 노력이 필요하다. 매월 10만~20만 원을 덜 쓴다는 의미는 매월 그만큼 연금을 더 받는 것과 같다. 매월 10만~20만 원 덜 쓰고 그 돈을 통장에 비축하도록 노력하자. 나이가 들수록, 그리고 시중 금리가 낮을수록 검소한 생활은 훨씬 큰 힘을 발휘한다.

평소에 돈을 펑펑 쓰는 사람들이 노후 들어 갑자기 검소한 생활로 모드를 바꾸는 건 무척 힘들다. 따라서 노후를 대비해 미리 검소한 생활이 몸에 배도록 노력할 필요가 있다. 의외로 우리 주변에는 돈을 많이 벌지는 않아도 큰 무리 없이 노후를 준비하는 사람들이 많이 있다.

59세 오선화 씨는 60세인 남편과 함께 중소기업에서 일한다. 수입은 남편이 110만 원, 본인이 100만 원이다. 맞벌이 부부치고 많은 소득은 아니다. 하지만 지난 6년 동안 매월 130만 원씩 꾸준히 저축한 덕분에 1억 원을 모았다. 부부 모두 적은 나이는 아니지만 숙련된 기술이 있어 앞으로 5년 정도는 더 일할 수 있을 것 같다. 많지 않은 월급에서 매월 130만 원씩 저축이 가능했던 이유는 오 씨가 평소 불필요한 데 돈을 쓰지 않기 때문이다. 지금도 관리비 25만 원과 보험료 10만 원을 포함해 생활비로 70만 원 이상을 쓰지 않는다. 오 씨는 평소 검소한 생활 덕분에 나중에 일을 그만두더라도 월 생활비로 100만 원 정도만 있으면 노후에 큰 무리 없이 지낼 수 있다고 생각한다. 은퇴 후 두 부부는 남편 46만 원, 부인 32만 원 등 매월 약 78만 원을 국민연금으로 받는다. 그렇다면 예상 부족 금액은 월 22만 원 정도다. 이 정도의 부족 자금은 모아놓은 1억 원을 연금 상품에 가입해 해결할 수 있다. 문제는 나이가 들수록 필요한 의료비다. 이에 대비해 오 씨 부부는 앞으로 월급이 늘어나는 만큼 최대한 저축을 많이 해서 퇴직 전까지 1억 원을 추가로 마련할 계획이다.

생존에 필요한 최소 자금

우리는 기본적으로 남을 의식하면서 산다. 노후자금도 마찬가지다. 최소한의 품위 유지를 핑계로 남과 엇비슷하게 맞추려는 경향이 있다. 하지만 막연하게 생각하는 노후자금 대신 내가 꼭 써야 하는 생활비를 기준으로 노후연금을 설정해보면 어떨까? 더 구체적으로 말하면 남에게 아쉬운 소리 안 하고 살아가기 위해 반드시 필요한 생활비를 기준으로 '생존노후연금'을 설정해보는 것이다. 사례의 오씨 부부가 생각하는 '생존노후연금'은 100만 원이다.

이렇게 생존연금부터 확보해놓은 다음 노후자금을 늘려나간다면 한결 마음이 편안해진다. 운전면허시험처럼 커트라인만 넘으면 된다는 편한 마음으로 노후 대비 준비를 시작해보는 것이다. 그리고 생존연금을 토대로 노후를 보내려면 꼭 필요한 게 검소한 생활이다. 불필요한 곳에 조금 덜 쓰고 남과 비교하지 않고 소신 있게 사는 게 중요하다.

퇴직을 얼마 남기지 않았는데 법인카드와 회사 차를 이용하고 있다면 지금부터 법인카드와 회사 차가 없다고 생각하고 적응해야 한다. 법인카드와 회사 차는 회사를 그만두자마자 내 곁을 떠난다. 노후에는 부족하면 부족한 대로 사는 적응력이 필요하다. 과소비를 줄이고 검소하게 사는 사람들이 노후생활도 잘 적응할 수 있다. 회사 차와 법인카드 덕분에 풍요롭게 생활하고 있다면 일부러라도 불편하게 생활해볼 필요가 있다. 평소에 검소하고 합리적인 소비가 몸에 배도록 하자. 불필요한 곳에 조금 덜 쓰는 습관이 몸에 밴다면 노후자금에 대한 부담을 확실히 줄일 수 있다.

늦기 전에 소비패턴의 거품을 제거하자

6장

지금 후회하는 걸
10년 후에도 후회한다면

딸자식 키워봤자 소용 없다더니, 옛말 틀린 것 하나 없군..

에라이 망할 기지배

여보. 나 왔어. 간만에 외식이나 할까?

으왁!

안 돼. 나 오늘 동창회야.

그 꼴을 하고 가려고?

여보야 없으면 나는 누가 밥해주나?

배고파염~ 배고파염~

나는 맨날 혼자 먹었다.

쾅!

집 잘지켜.

배고파...

대체로 남자들은 감정을 잘 공유하지 않는다. 가족에게도 친밀함을 표현하는 일이 드물다. 세상에서 가족보다 밀접한 사람이 있을까. 그러나 평소에 밀접한 교감이 없다가 갑자기 친근하게 접근하면 가족도 어색하게 느낀다. 가까운 사람일수록 더 소중하게 여겨야 한다. 늘 곁에 있다고 신경을 안 쓰면 올 부장처럼 취급받기 쉽다. 주방에 있는 냉장고에서 김치 하나 찾지 못할 정도로 집안에 무관심하면 곤란하다. 이 정도면 라면을 찾아서 끓인 게 용하다.

나이가 들면 남편은 아내가 없으면 불편하고 아내는 남편이 있으면 불편하다. 집에서 음식을 해먹고 주변 지인들과 소소한 대화를 나누며 살아가는 일상에 갑자기 남편이 끼어들면 불청객처럼 느껴지기 때문이다. 남자들이 은퇴해서 가장 곤란을 느끼는 게 아내와의 관계다. 수많은 사람들을 만나며 직장생활을 하다가 집에 있게 되면 인간관계는 아내가 전부가 된다. 남편이 아내에게 더 의존적이 될 수밖에 없는 이유다. 그렇다고 평소에 집안일을 좀 해봤으면 문제가 덜 생긴다. 그러나 늘 아내가 챙겨주는 생활에 익숙해 있었다면 십중팔구 문제가 생긴다. 요리며 설거지며, 청소며 빨래며 집안

일은 끝이 없다. 그런데 남편이 귀찮게 이것저것 참견하거나 지시하면 그보다 밉상이 없다. 남편은 남편대로 누군가에게 지시하는 게 버릇이었고 이제는 아내만 바라보고 있는데 살갑지 않은 반응이 서운하다.

앞으로 이런 상황을 만들지 않으려면 어떻게 해야 할까? 이런 난감한 처지에 놓이지 않으려면 미리미리 준비하고 연습해야 한다. 아내가 없어도 낯설고 불편하지 않도록 그런 상황을 연습하는 게 좋다. 10년 후나 20년 후를 대비해야 한다. 지금부터 간단한 요리는 직접하고 설거지까지 말끔하게 해놓으면 아내가 기뻐할 것이다. 10년 후 미래의 모습을 그려보는 것도 좋다. 젊은 시절 성공을 위해 달려갈 때처럼 다시 한 번 10년 후의 미래를 설정해보고 대비하는 것이다.

10년 후 내 인생

"꿈은 이루어진다(Dreams Come True)."

2002년 월드컵 응원 문구로 유명한 말이다. 학생들에게 동기부여를 하거나 힘든 상황을 이겨내라고 응원할 때도 종종 사용된다. 그런데 이 말은 퇴직을 준비하는 사람에게 더더욱 필요하다. 상상으로 미래를 그려보고 글이나 표로 적어보자. 회사의 중요한 사업계획에서 엄청난 분량의 보고서도 문제없이 작성하던 실력을 십분의 일이라도 발휘하면 10년 미래 계획 정도는 어렵지 않을 것이다. 최대한 구체적으로 실감나게 상상해보고 작성하는 게 요령이다. 이미 은퇴한 선배나 지인들의 삶을 관찰하거나 좋은 책을 통해 간접 체험하는 것도 좋다. 중요한 건 조만간 닥칠 '내 일'이라는 절박함을 가지고 작성해야 한다는 것이다.

아내의 성향도 냉정하게 따져보고 자녀들의 나이도 고려하자. 자녀들이 퇴직 전에 독립하거나 퇴직 후에 결혼한다면 중요한 변수가 될 수 있다.

요리를 하려면 냉장고 속 재료부터 확인해야

집에서 음식을 하는 방법은 두 가지다. 메뉴를 정하고 부족한 재료를 사와서 하는 방법과 냉장고를 열어서 있는 재료로 요리하는 방법이다. 냉장고 안에 무엇이 들어 있는지 모른다면 메뉴를 정하는 것조차 어렵다. 집에서 요리를 하고 싶다면 평소에 냉장고 속에 관심을 가지고 있어야 한다.

10년 후 미래 계획을 세우는 것도 마찬가지다. 내 통장 속 예금과 보험, 빚과 자산 등을 파악하고 있어야 한다. 그리고 현재 월급에서 은퇴자금과 노후자금을 위한 저축 여력이 얼마나 더 있는지 파악해야 한다. 주부들은 가계부를 써서 가정경제를 더 알뜰하게 꾸려나간다. 퇴직을 준비한다면 사업계획서를 쓴다는 생각으로 목표금액을 설정하고 실행방안을 수립해서 정기적으로 체크하는 노력이 필요하다.

6개월마다, 1년마다 향후 수령할 수 있는 연금의 내역을 점검한다면 은퇴에 대한 불안감을 상당히 줄일 수 있다. 노동활동이 멈췄을 때를 대비한 생존월급을 우선적으로 설정한 후에 노후자금을 조금씩 늘려나가면 어느 새 불안은 사라지고 희망이 밝아올 것이다. 많은 사람들이 노후에 대한 걱정을 한다. 그러나 단순히 남들 하는 대로, 신문이나 방송에서 추천하는 연금상품 몇 개 가입했다고 노후준비가 끝난 것이 아니다. 노후 준비는 스스로 체계적으로 해나가야 한다.

현재 자신의 재산상황에 대해 제대로 모른다면 빨리 현재 상태를 체크하자. 집이나 부동산의 가격, 투자한 금융상품의 수익, 가입한 보험상품의 보장내역 등을 정리하자. 그런 후에야 부족한 노후자금이 어느 정도인지 알 수 있다. 이런 과정을 지나다보면 스스로 긴장감이 생긴다. 현재 자산 상태를 정리해보면 취약한 부분을 점검해 보강할 수 있고, 미래 수입에 대해 실감하면서 부족한 부분을 채워나가기 위해 노력하게 된다.

사람의 욕심은 끝이 없어서 대부분의 경우에 원하는 자금만큼 모은다는 게 요원해 보일 것이다. 원하는 만큼 모을 수 있는 사람은 별로 없다. 중요한 것은 막연하게 생각만 하고 있던 부분들을 구체화하는 과정이다.

연금을 일하게 하라

대기업에 다니는 52세 김성찬 씨는 현 직장을 얼마나 더 다닐 수 있을지 몰라서 늘 노심초사다. 임금피크제가 실시되면 지금보다 정년이 5년 정도 더 늘어날 것 같은데, 아직 확정된 건 없다. 퇴직 이야기만 나오면 김 씨는 가입한 연금통장을 꺼내 보곤 한다. 5년 전부터 매월 30만 원씩 붓고 있는 연금저축보험과 6년 전 부인 앞으로 20만 원씩 붓고 있는 변액연금보험이 있다. 하지만 이것만 가지고는

| 김성찬 씨의 연금자산 |

연금종류	연금수령 예상금액	연금수령기간	예상이율 (수익률)	연금수령 시 물가반영여부	비고
국민연금	105만 원	종신(평생)	국민연금공단에서 매년 공시	반영	
퇴직연금	19만 원	30년	현재 연 2%	미반영	변동금리
개인연금 (본인)	22만 원	25년	현재 연 2.8%	미반영	변동금리
개인연금 (부인)	19만 원	30년	현재 연 3.5%	미반영	수익률 변동 가능
합계	165만 원				

불안하다. 조금 덜 쓰더라도 연금상품에 하나 더 가입할 생각으로 연금상품을 고르고 있다.

김 씨의 경우 국민연금과 퇴직연금 외에 개인연금에 가입해 있고 5년 이상 불입하고 있다. 그렇다면 가입한 개인연금의 적립금은 얼마이고 향후 어느 정도의 연금을 수령할 수 있는지를 체크해봐야 한다. 김 씨뿐 아니라 많은 사람들이 자신이 가입한 개인연금을 통해 어느 정도의 연금을 받을 수 있는지 정확히 모른다. 개인연금만으로 넉넉한 노후자금을 마련하는 건 쉽지 않다. 그렇더라도 자신이 가입한 개인연금을 통해 어느 정도의 노후 생활비를 충당할 수 있는지 점검하는 건 매우 중요하다. 현재까지 어느 정도의 적립금이 쌓여 있는지, 퇴직할 때 어느 정도의 적립금이 더 불어날 것인지를 가늠해봐야 한다. 그런 다음 부족한 자금을 다른 방법으로 채워나가는 계획을 세우면 된다. 가장 안 좋은 건 가입한 연금의 적립금이 얼마인지도 모르고 방치하는 것이다.

개인연금에 가입해 있다면 지금까지 불입한 원금 대비 적립금이 어느 정도인지 확인해보자. 특히 연금보험이나 변액연금보험 등 보험상품의 경우 가입 초기에 사업비 등 비용들이 많이 빠져나가기 때문에 가입 후 5~6년 정도는 지나야 원금을 회복한다. 이후 적립금이 늘어나는 구조라는 걸 이해하고 현재의 적립금을 확인하자. 만약 5~6년 정도가 지났는데도 원금이 회복되지 않았다면 원인을 분석해봐야 한다. 금리로 이자가 붙는 연금이라면 내 연금의 금리는 어느 정도이고, 펀드에 투자해서 적립금을 운용하는 변액연금이라면 펀드 운용이 잘되고 있는지도 꼭 확인해야 한다.

보험사의 연금상품일 경우 가입한 보험사에 문의해서 연금 수령 시 매월 얼마씩 받을 수 있는지를 확인해보자. 만약 증권사나 은행에서 가입한 연금저축펀드라면 현재의 적립금을 확인해보고 연금 개시 때까지의 예상 적립금으로 매월 받을 수 있는 연금액을 가늠해보자. 적립금만 알고 있다면 대출이자 계산기 또는 대출원리금 상환용 계산기를 활용해 매월 받을 수 있는 연금을 점검할 수 있다. 대출원리금 상활방식을 역으로 계산하면 적립금으로 받을 수 있는 연금액을 알 수 있기 때문이다. 인터넷 포털에서 '대출계산기'를 검색하면 이용할 수 있다.

연금 예상표를 작성하자

예를 들어 현재 적립금이 2,000만 원인데 5년 후 연금을 받을 예정이고, 그때의 예상 적립금이 2,400만 원이라면 연금수령액을 다음과 같이 계산해볼 수 있다. 비록 물가상승률이 감안되지 않은 금액이긴 하지만 노후 예상 연금을 활용하는 데 많은 도움이 될 것이다.

| 적립금 2,400만 원으로 받을 수 있는 연금 예상표 |

적립금	연금 개시 후 운용수익률	연금수령기간 10년	연금수령기간 20년	연금수령기간 30년
2,400만 원	연 2%	22만 원	12만 원	9만 원
2,400만 원	연 3%	23만 원	13만 원	10만 원
2,400만 원	연 4%	24만 원	14만 원	11만 원
2,400만 원	연 5%	25만 원	16만 원	13만 원

만약 연금통장에 적립금 1,000만 원이 있고, 이 돈으로 지금 현재 당장 연금을 받을 경우를 가정한 연금 예상표도 도움이 될 수 있다. 1,000만 원을 기준으로 자산의 적립금을 대입해보면 대략적인 금액을 유추해볼 수 있다. 예를 들어 적립금이 3,000만 원이면 3배를, 5,000만 원이면 5배, 1억 원이면 10배를 적용해보면 된다.

| 적립금 1,000만 원으로 받을 수 있는 연금 예상표 |

적립금	연금 개시 후 운용수익률	연금수령기간 10년	연금수령기간 20년	연금수령기간 30년	연금수령기간 40년
1,000만 원	연 1%	8만7,604원	4만5,989원	3만2,164원	2만5,286원
1,000만 원	연 2%	9만2,013원	5만588원	3만6,962원	3만283원
1,000만 원	연 3%	9만6,561원	5만5,460원	4만2,160원	3만5,798원
1,000만 원	연 4%	10만1,245원	6만598원	4만7,742원	4만1,794원
1,000만 원	연 5%	10만1,245원	6만5,996원	5만3,682원	4만8,220원

마치 냉장고를 들여다보고 혼자 음식을 만들어 먹기 위해 재료를 찾아보는 것과 같다. 미래를 대비해 현 상태에서 스스로 할 수 있는 것을 느껴보는 것이다. 미리 살아보는 노후를 통해 막연한 불안감이 아니라 구체적으로 부족한 부분을 찾아내고 준비하는 것이 중요하다. 이런 식으로 최대한 노력한다면 노후에 대해 구체적으로 준비하고 대응할 수 있게 된다. 적을 알고 철저하게 대비한 상태에서 전쟁터에 나가는 군대는 패배하지 않는다.

진단 없는 처방은 없다

현재를 점검하고
미래를 대비하자

지금 이대로 가면 나중에 얼마를 받을지 적어보고 5년 후, 10년 후의 계획은 목표금액을 좀 더 늘려보자.

현 상태에서 노후를 맞을 경우 연금통장 내역	5년 후 나의 연금통장 내역
1. 국민언금 _____ 만 원	1. 국민연금 _____ 만 원
2. 퇴직연금 _____ 만 원	2. 퇴직연금 _____ 만 원
3. 개인연금 1 _____ 만 원	3. 개인연금 1 _____ 만 원
4. 개인연금 2 _____ 만 원	4. 개인연금 2 _____ 만 원
5. 개인연금 3 _____ 만 원	5. 개인연금 3 _____ 만 원
6. 주택연금 _____ 만 원	6. 주택연금 _____ 만 원
7. 아르바이트 _____ 만 원	7. 아르바이트 _____ 만 원
8. 기타 _____ 만 원	8. 기타 _____ 만 원
9. 합계 _____ 만 원	9. 합계 _____ 만 원

60세 나의 연금통장 내역	65세 나의 연금통장 내역
1. 국민연금 _____ 만 원	1. 국민연금 _____ 만 원
2. 퇴직연금 _____ 만 원	2. 퇴직연금 _____ 만 원
3. 개인연금 1 _____ 만 원	3. 개인연금 1 _____ 만 원
4. 개인연금 2 _____ 만 원	4. 개인연금 2 _____ 만 원
5. 개인연금 3 _____ 만 원	5. 개인연금 3 _____ 만 원
6. 주택연금 _____ 만 원	6. 주택연금 _____ 만 원
7. 아르바이트 _____ 만 원	7. 아르바이트 _____ 만 원
8. 기타 _____ 만 원	8. 기타 _____ 만 원
9. 합계 _____ 만 원	9. 합계 _____ 만 원

　돈 문제도 중요하지만 노후에 뭘 하고 지낼지도 차근차근 준비해야 한다. 가장 좋은 것은 현 직장을 그만두더라도 소득이 발생하는 일을 지속해서 할 수 있도록 대비하는 것이다. 그렇지 못하다면 소득이 발생하지 않거나 거의 발생하지 않더라도 즐겁게 할 수 있는 일이라도 있어야 한다. 자신이 가지고 있는 전문성을 활용한 일이라면 가장 좋다. 사진 촬영이나 음악 활동도 좋고, 사회 봉사활동이나 종교를 통한 활동도 좋다.

　주변 이웃들과 기분 좋게 인사하고 친해지는 노력도 중요하다. 나이가 들면 자식들은 멀리 떠나고 가까이 있는 건 주변 지인들과 이웃들이다. 주변 사람들과 잘 지내고 마음 통하는 이웃과 뭔가를 함께할 수 있다면 훨씬 활력적이고 즐거운 노후를 보낼 수 있다. 남편들과 달리 아내들이 잘하는 게 이웃들과 소통하고 친하게 지내는 것이다. 이를 남자들도 배워야 하는데, 이웃들과 소통하는 생활 속 지혜 역시 미리미리 노력해서 몸과 마음이 익숙해져야 가능하다.

집에만 있거나 친구나 선후배와 밥 먹고 등산하는 것 외에 할 일이 없을 것 같다면? 건강하게 사회와 소통하는 일로 많은 시간을 보낼 수 있도록 자신을 새롭게 리모델링해야 한다. 이를 위해 5년, 10년 후 나의 모습을 구체적으로 상상해보고 준비해나가자. 즉, 지금부터 노후 생존기술(요리, 빨래, 소일거리 만들기, 주변 사람과 친해지기 등)을 익히기 시작해야 한다. 그러려면?

10년 후
내가 가장 후회하게 될 것들

다음을 보고 자신도 '그렇다'고 대답하는 항목의 개수를 세어보자. 개수가 많아질수록 10년 후에 후회가 커질 것이다.

1. 연금으로 받을 총액(국민연금+퇴직연금+개인연금)이 월 150만 원이 안 된다.

2. 스스로 음식도 못하고 집안 물건의 위치도 잘 모른다.

3. 아침에 눈을 뜨면 오늘 해야 할 일이 떠오르지 않는다.

4. 언제든 부담 없이 함께 노닥거릴 친구가 별로 없다.

5. 자녀들과 친하지 못해 마음대로 연락을 취하지 못한다.

6. 먹는 약의 종류가 많아서 약을 먹었는지, 안 먹었는지 자꾸 헷갈린다.

7. 사랑하고 좋아하는 사람들이 별로 떠오르지 않는다.

8. 주변에 밉고 원망스러운 사람이 꽤 있다.

9. 새로운 것을 배울 욕심도 없고 시작할 의욕도 없다.

10. 지금 행복한 걸 찾지 못하고 과거의 전성기만 그리워한다.

11. 젊은 세대들이 어떤 생각을 하는지 전혀 관심 없다.

12. 재미있게 할 취미활동이 없다.

* 참고) 2인 가족 최저생계비는 153만 원이다.

7장

자녀가 먼저냐,
미래가 먼저냐

자녀를 돌보는 일은 끝이 없다. 중고등학교까지는 학원비와 과외비를 부담하느라 힘들다가 대학을 가면 등록금에 허리가 휠 지경이다. 여기까지 지원할 수 있다면 그나마 다행이다. 지금 시대는 대학등록금 부담이 너무 높아서 학자금 대출에 의지하는 학생도 많다. 대학을 졸업했다고 해도 금방 자립하기 어렵다. 결혼을 시키려면 또 목돈이 들어가고 손주가 생기면 이 또한 돌보지 않을 수 없다. 올 부장도 딸에게 승용차 한 대 사주면서 멋진 아빠 역할을 해보고 싶다. 그러나 이제 장성한 자녀보다는 자신의 미래를 생각해야 할 때다.

2년 전 결혼한 부부가 말다툼을 벌였다. 아버지의 용돈을 올려드리고 싶은 남편과 그렇지 않은 아내의 의견이 충돌했기 때문이다. 결혼 전 두 부부는 모아놓은 돈으로 부족해 각자의 부모로부터 5,000만 원씩 지원을 받아 서울에서 전셋집을 마련했다. 당시 퇴직을 앞둔 공무원이었던 시아버지는 퇴직 후 받아야 할 연금을 담보로 대출을 받아 아들 부부의 전세보증금에 보탰다. 이후 시아버지는 퇴직 때 연금의 일부를 일시금으로 받아 대출을 갚았다. 이로 인해 연금수령액이 줄어드는 걸 감수해야 했다. 반면 시부모에 비해 경제

상황이 넉넉했던 친정아버지는 여유자금 5,000만 원으로 딸을 지원했다.

퇴직 후 연금이 줄어들어 생활비가 빠듯해진 시부모는 아들에게 지원해준 돈 5,000만 원을 받는 대신 용돈을 매월 30만 원씩 달라고 이야기했다. 자신의 신혼 전세금 지원으로 연금이 줄어든 아버지에게 늘 미안했던 남편은 아내에게 이를 상의했지만 아내는 반대했다. 똑같이 양가에서 지원을 받았는데 시부모님에게만 용돈을 드리는 것을 아내가 받아들이지 못했기 때문이다. 결국 아들은 아버지의 요청을 들어주지 못했다.

우리는 진실을 알고 있다

퇴직을 앞둔 부모들의 가장 큰 고민은 자녀 지원에 대한 문제다. 많은 부모들이 자신의 노후자금이나 퇴직금으로 자녀를 지원한다. 노후자금이 줄어든다는 것을 알면서도 자식들이 초라하게 결혼생활이나 사회생활을 시작하는 걸 원치 않아서다. 그런데 이런 생각이 과연 바람직한 걸까? 러시아의 대문호인 톨스토이로부터 지혜를 빌려보자. 톨스토이의 단편집에는 '까마귀와 세 마리 새끼'에 대한 이야기가 나온다.

까마귀가 섬에서 육지로 새끼를 한 마리씩 옮기고 있었다. 옮기는 도중에

까마귀가 첫째에게 물었다.

"만약 내가 늙어서 날지 못하면 누가 나를 옮겨주지?"

첫째 까마귀가 대답했다.

"저요."

그러자 아빠 까마귀는 첫째를 바다에 떨어뜨렸다. 그리고 둘째 까마귀를

옮길 때에도 같은 질문을 했다.

"아버지가 늙으면 제가 아버지를 옮겨 드릴게요."

둘째가 대답했지만 또다시 까마귀는 바다에 떨어뜨렸다. 마지막으로 막

내는 이렇게 대답했다.

"아버지, 아버지가 늙으면 스스로 부양하셔야 합니다. 왜냐하면 저는 제

가족을 돌봐야 하기 때문입니다."

그러자 아빠 까마귀가 말했다.

"너는 진실을 말했구나."

그리고는 막내를 무사히 육지로 옮겨주었다.

부모가 노후를 스스로 책임지지 못하면 자식에게 의존해야 한다. 그런데 자식도 그들의 자식을 키우다보면 여력이 없어 부모를 지원하기 힘들다. 결국 노후를 스스로 책임지지 못하는 부모는 자식에게 부담스러운 존재가 된다. 이런 안타까운 사태를 막기 위해서 부모는 자신들의 노후자금부터 확보한 다음 자녀 지원에 대한 결정을

해야 한다.

부모가 지원을 못해줘 자식이 당장 힘들게 살더라도 길게 보면 그게 자식에게도 득이 된다. 부모 도움 없이 홀로서기를 해야 자립심도 커지기 때문이다. 부모의 지원을 받지 못한 자식은 서운한 감정을 가질 수 있다. 하지만 나중에 자신도 자식을 키워보면 부모를 이해하게 된다. 무엇보다 자녀를 독립심 있게 키워야 부모에게 의지하지 않아 부모의 노후가 편해진다.

하지만 자녀 지원에 대한 의사결정도 퇴직을 앞두고 쫓겨서 하기보다는 자녀가 조금이라도 어렸을 때 미리 대비를 해두는 것이 좋다. 그러려면 평소에 돈에 대해 자녀와 허심탄회하게 이야기하는 것이 중요하다. 부모가 돈 이야기를 자녀와 솔직하게 하지 않으면 서로 오해가 발생하기 때문이다. 이때 도움이 될 만한 사례가 있다.

내가 벌고 쓰는 걸 자녀와 이야기해본 적이 있는가

초등학교 4학년 딸과 초등학교 1학년 아들을 둔 엄마가 있었다. 엄마는 두 자녀를 위해 매월 150만 원이 넘는 사교육비를 지출하고 있었다. 하지만 남편 혼자 돈을 버는 외벌이여서 부부에게 자녀교육비는 적지 않은 부담이었다. 집 구입 때 생긴 대출이자와 사교육비 부담으로 부부는 노후를 위한 저축을 거의 못했다. 평소 노후에 대한 걱정이 컸던 부인은 주말에 남편과 상의를 했다. 평소 자식들 사교육비가 과하다고 생각했던 남편은 부인에게 자녀들 사교육비를 줄이고 노후를 위해 연금에 가입하자고 했다. 부부는 상의 끝에 자녀와 함께 이에 관해 이야기하기로 하고 아빠가 먼저 입을 열었다.

"얘들아, 아빠 엄마가 너희들 대학교 때까지 책임지고 뒷바라지할 테니까 취직하면 엄마 아빠 노후를 너희들이 책임질 수 있겠니?"

이 말을 들은 딸이 잠깐 생각에 잠기더니 이내 또랑또랑한 목소리로 대답을 했다.

"아니요."

엄마는 딸의 망설임 없는 대답에 순간 당황했지만 곧 냉정을 찾고 되물었다.

"그럼 어떻게 해야 하나? 너희들 교육비 때문에 엄마 아빠가 노후 준비를 못하고 있는데, 그렇다면 너희들이 꼭 필요한 과목만 학원에 다니고 덜 필요하거나 스스로 할 수 있는 건 혼자 공부하면 어떨까? 그럼 엄마 아빠는 남는 돈으로 노후를 위한 연금을 들 수 있거든."

딸은 엄마의 제안을 흔쾌히 받아들였다. 그리고 자신이 할 수 있는 것과 덜 필요한 것들을 정리해서 50만 원의 교육비를 줄였다. 이 돈으로 부모는 부부를 위한 연금상품에 가입했다. 이후 둘째 아들의 영어교육비도 20만 원 줄여서 부부는 노후를 위해 체계적인 준비를 시작할 수 있었다.

부모들은 자녀들과 돈 이야기를 하는 걸 꺼린다. 왜일까? 자녀가 돈 걱정 없이 공부에만 열중하길 바라기 때문이기도 하고 자녀 지원을 충분히 못해주는 부모를 자식들이 무능력하다고 생각하는 걸 바라지 않기 때문이기도 하다. 하지만 이런 생각은 자녀에게 뿐만 아니라 부모 스스로에게도 도움이 되지 않는다. 자녀와 함께 돈 이야기를 공유함으로써 자녀들은 돈에 대해 합리적인 생각을 할 수 있다. 예산 범위 내에서 돈을 관리할 줄 아는 능력을 키울 수 있고 돈에 대한 소중함도 알 수 있다. 게다가 부모가 어떤 고민을 하는지 알 수 있어 생각이 깊어진다. 무엇보다 자녀가 돈을 잘 통제할 수 있는 능력을 갖추면 어른이 돼서도 부모에게 경제적으로 의존하지 않게 된다. 부모 또한 자녀들을 합리적인 수준에서 지원하고 자신들의 노후자금을 확보할 수 있어 1석2조의 효과를 얻을 수 있다.

• **자녀와 무엇을 이야기할까?** •

– 자녀 지원을 언제까지 할 것인지에 대해 이야기하기

– 부모의 노후와 자녀 지원 중 우선순위와 중요성에 대해 이야기하기

– 부모의 노후가 불안하면 발생하는 상황에 대해 이야기하기

– 부모의 재산을 상속하지 않고 노후를 위해 사용할 것에 대해 이야기하기

자식들이 돈 앞에 무릎꿇지 않도록

퇴직 후 나이든 부모의 집을 담보로 맡기고 사업을 벌이거나, 부모의 노후자금을 호시탐탐 노리는 자녀들이 많다. 이런 일들은 대부분 부모가 자녀들에게 돈 관리 교육을 제대로 못해서 발생한다. 노후자금의 최대의 적은 자녀라는 걸 알아야 한다. 그러려면 평소에 자녀들과 돈 이야기를 편하게 할 수 있어야 한다. 그리고 부모가 노후에 돈 걱정 없이 살아야 자식들에게도 좋다는 걸 자식들이 이해해야 한다. 이런 토대가 만들어지면 자녀에 대한 막연한 지원 부담에서 벗어나 체계적으로 노후를 준비하기가 쉬워진다. 자녀가 이미 사회생활을 시작했더라도 상관없다. 더 늦기 전에 자녀와 돈에 대한 이야기를 시작하자.

자녀를 경제적으로 부모에게 의지하지 않는 자립형 인간으로 만드는 건 부모의 교육이 가장 큰 영향을 미친다. 부모의 지원이 부족해 작은 집에서 신혼살림을 시작하더라도 의지만 있으면 자녀들은 잘 이겨낼 수 있다. TV 프로그램인 〈이웃집 찰스〉에서 7년째 한국에 살고 있는 미국인 회계사 가정의 이야기를 본 적이 있다. 그는 무려 열두 명의 자녀를 두었다. 이렇게 많은 아이를 키울 수 있는 비결은 자녀들끼리 모든 걸 해결하는 데 있었다. 특히 큰 딸들이 주도적으로 동생들을 이끌고 가르치는 모습이 인상적이었다. 막둥이는 이제 겨우 걸음마를 뗀 철부지였는데, 그는 자신이 엎지른 물을 스스로 닦아야 했다. 큰 누나가 걸레를 가져다주고 자신이 저지른 일을 스스로 마무리하게 가르치기 때문이다. 울며불며 안 한다고 고집을 피워도 큰 누나는 눈 하나 깜짝하지 않고 어린 막내가 걸레질을 하게 시킨다. 이런 환경에서 자란 아이들이 커서 부모에게 경제적으로 의지한다는 건 상상하기 어렵다. 이게 바로 어려서부터 스스로 자립심을 키우는 교육환경이라 생각한다. '넌 돈 걱정하지 말고 공부만 열심히 하면 돼'라고 가르치기보다는 돈 걱정하지 않으려면 어떻게 살아가야 하는지를 가르치자. 그것이 부모의 노후 부담을 덜고 자녀의 경제적 자립성을 길러 부모와 자녀가 서로 행복할 수 있는 길이다.

자녀들의 경제관념을 키우면
노후가 편해진다

8장

일하기에
얼마나 딱 좋은 나이인데

새로운 인생을 위하여!!!

쟁!

자네는 어제도 마시고, 오늘도 또 마시나?

해장술 아닙니까!

쯧쯧...

혈압도 높은 사람이...

그나저나 오늘 수업 듣는데, 뭐 하나 제대로 챙긴 게 없네요. 건강, 직장, 연금, 가족...

그러게나 말입니다. 인생이 이 술처럼 달짝근할 줄 알았는데, 쓰기만 하니... 이게 왠 날벼락인가 싶습니다!

지금부터라도 잘 헤쳐나가 보자구! 자자 우리 아직 젊지 않은가!

젊으니까 더 걱정 아닙니까..

맞습니다. 부장님은 뾰족한 수라도 있습니까?

....

...마시세.

예전에는 60세가 되면 환갑잔치를 했다. 동네 사람이며 친척들 모두가 건강하게 장수한 것을 축하해줬다. 이때부터 노인이라고 생각했다. 그런데 지금은 환갑이 되면 조용히 여행을 다녀오거나 직계가족 정도만 모이는 식사자리를 마련해 축하한다. 이제는 환갑을 맞는 게 드물지도, 특별하지도 않기 때문이다. 70대가 돼도 젊게 사는 사람이 워낙 많다보니 60대는 오히려 중년에 가까워 보인다. 이미 100세 시대를 살아가고 있다는 점을 생각하면 올 부장의 지금은 인생 2라운드의 초반이다. 어렸을 때 처음으로 말과 글을 배우고 숫자를 익혀갔던 것처럼 이제 시작인 2라운드 전체에서 승리하기 위해 새롭게 배워야 할 시기다.

　최근에는 노인의 기준 나이를 두고 논란이 있다. 70세 이상을 노인으로 봐야 한다는 시각이 많아지고 있지만 아직까지 우리나라는 65세 이상을 경로우대 기준으로 삼는다. 지하철 경로우대 기준도 65세이고 국민연금 수령시기도 65세다. 조만간 기준이 올라가겠지만 지금은 65세부터 노인 대접이 시작된다고 볼 수 있다. 하지만 65세 이상이 돼도 본인들은 절대로 자신들을 노인으로 인정하지 않는다. 아직도 젊고 건강하고 충분히 일할 수 있다고 생각한다. 하지만 일반 기업들의 퇴직시기는 여전히 50대 중후반이다. 2016년 1월부터 '정년 60세 연장법'이 시행되고 있다. 그러나 공무원이나 공공기업 등을 제외하고 일반 기업에서 실제로 60세까지 맘 편히 근무할수 있는 환경이 조성되기는 현실적으로 어렵다. 특히 정년 적용을받지 않는 기업 임원들의 경우 50대에 그만두는 경우도 많다. 평균수명은 어느덧 82세에 달하고 여전히 빠른 속도로 늘어나고 있지만정년 연장 속도는 이에 훨씬 못 미치는 것이다. 이렇다보니 50대에들어서면 많은 직장인들은 언제든 회사를 그만둬야 하는 두려움이생긴다. 특히 회사가 인생의 모든 것이라 생각한 사람일수록 퇴직의충격은 더 심하다.

스스로에게 질문을 던져라

대기업에서 3개월 전 명예퇴직한 김승현 씨는 요즘 우울증에 시달린다. 잠도 제대로 못 이루다보니 종종 수면제의 도움을 받는다. 회사 내 핵심 보직인 기획실장까지 지냈지만 경기침체로 회사가 어려워지면서 구조조정을 했고 잘나가던 그도 결국 회사를 떠나야 했다. 퇴직 전까지 회사에만 몸과 마음을 바쳐 일하다보니 김 씨는 노후 준비에 관심을 두지 못했다. 지금은 모든 게 아쉽고 후회스럽기만 하다. 오랜 기간 회사와 자신을 동일시하다보니 회사를 떠나 야

인이 된 지금의 현실을 받아들이기 힘들다. 조금 더 멀리보고 인생 후반기를 대비하지 못한 자신이 처량하게 느껴진다.

열심히 다니던 직장에서 퇴직하는 경우 미래에 대한 두려움이 분노로 이어지는 경우도 많다. 그리고 분노는 자포자기 단계로 넘어간다. 다행히 늦지 않게 일자리를 얻으면 원래의 모습을 찾지만 그렇지 못하면 자신감을 잃고 대인관계 기피증이 생기기도 한다. 하지만 정년퇴직 후 인생 후반기는 생각보다 매우 길다는 걸 잊어서는 안 된다. 절대 주저앉지 말고 최대한 빨리 일자리나 취미활동 등을 통해 활력과 자신감을 되찾아야 한다. 직장은 우리를 끝까지 책임지지 않는다. 스스로의 준비와 노력으로 인생 후반기를 살아나가야 한다.

현역 때 잘나가던 직장인도 퇴직하면 평범해진다. 전문직이나 기술직이 아니라면 지금 다니는 회사가 날 지켜주지 않는다. 현역에 있을 때 10년 후나 20년 후 노후를 맞은 내 모습을 상상해보고 노후를 미리 살아보는 예행연습을 통해 긴장감을 유지하는 것이 좋다. '할 일 없이 혼자 집에 누워 하루 종일 TV만 보고 있다면 얼마나 지루할까?' '돈도 부족해 밖에서 친구나 지인도 못 만나고 집에서 라면으로 끼니를 때운다면 하루하루가 얼마나 초라할까?' '이렇게 되지 않으려면 지금 어떤 준비를 해야 할까?' '미리 창업학교에 다녀볼까?' '평소에 하고 싶었던 중국어도 배우고 컴퓨터 관련 교육에도 참가해야지.' 이렇게 여러 가지 길을 찾다보면 잠깐 이직할 직장이 아닌 평생 직업을 찾을 수 있을 것이다.

이런 일, 저런 일 준비하면서 회사를 다니기에는 만만하지 않다고 생각하는 사람이 많다. 죽기 살기로 열심히 일해야 살아남는 형편에 한눈을 판다는 부담이 있다. 그렇지만 죽어라 열심히 일했으니 당연히 '회사가 나를 책임져야 한다'고 할 수 있을까? 그러면 회사는 이렇게 대답할지 모른다. '죄송합니다. 회사는 당신을 끝까지 책임질 수가 없습니다. 회사도 살아남아야 하거든요.'

만약 올 부장처럼 인생 후반기 준비를 제대로 못하고 퇴직을 맞아야 한다면 그 순간부터라도 최선을 다해야 한다. 퇴직자를 위한 사내 교육이 있다면 긍정적으로 받아들이고 재취업과 새로운 일을 시작하기 위해 적극적으로 준비해야 한다. 퇴직을 앞둔 예비 은퇴자들을 위해 기업들은 퇴직 이후 은퇴설계 교육을 마련한다. 여기에는 재취업, 건강, 창업, 자산관리 방법 등이 포함된다. 이런 교육들은 인생 후반기를 준비하는 데 많은 도움이 된다. 열심히 듣고 준비하면 분명 후반전을 향하는 길이 보일 것이다.

70세에 인턴으로 다시 시작

우리에게도 잘 알려진 명배우 로버트 드 니로(Robert De Niro)가 출연한 〈인턴〉이라는 영화가 있다. 그는 퇴직 후에도 집에 있지 않고 직장인들이 많이 들르는 카페에서 하루를 시작하며 사회와의 끈을

놓지 않기 위해 노력한다. 그러던 중 구직광고를 보고 70세라는 나이에 젊은 여성 CEO가 일하는 회사에 인턴으로 취직한다. 회사는 큰 기대 없이 단순히 사회공헌 차원에서 그를 인턴으로 채용한다. 앤 해서웨이(Anne Hathaway)가 역을 맡은 여성 CEO는 나이 많고 오지랖 넓은 그를 별로 달갑지 않게 생각한다. 하지만 시간이 흐를수록 그의 성실한 태도와 부사장까지 지낸 경험에서 나오는 전문성에 감탄한다. 그리고 그를 인생 선배로 존중하고 그에게 많이 의지하게 된다. 결국 로버트 드 니로는 젊은 CEO를 보좌하는 중요한 일원으로 자리매김한다는 내용이다.

우리의 현실과는 다소 동떨어진 내용도 있지만 기억에 남는 건 그가 첫 출근을 하면서 느끼는 감동이다. 70세가 돼서도 일을 할 수 있다는 기쁨이 그를 인생에서 가치 있는 사람으로 느끼게 만들었던 것이다. 인생 후반기에는 사회와 소통하면서 자신의 일을 하느냐가 행복의 열쇠가 된다. 그러려면 평소에 철저한 준비로 60세 이후, 인생 후반기를 대비해야 한다. 건강 관리와 재취업 준비는 기본이고 노후자금도 철저히 준비해야 한다. 누가 뭐래도 돈에 쪼들리면 힘겨운 노후가 될 수밖에 없다.

재산이 많지 않다면 그동안 가입해뒀던 개인연금과 퇴직금, 그리고 얼마 되지 않는 목돈 등으로 퇴직 후를 대비하게 된다. 한정된 자원을 효율적으로 잘 사용하는 게 관건이기 때문에 자신의 재산 현황을 잘 파악한 후 상품별 특징을 활용해 적절하게 사용하자. 특히 은퇴 후 재취업까지 공백 기간이 발생할 경우를 대비하자. 가진 자산을 어떻게 활용할 것인지, 퇴직 후 국민연금이 나올 때까지 연금 공백기는 어떻게 넘길 것인지를 염두에 둬야 한다. 그렇다고 해서 마음이 앞서 퇴직금처럼 목돈으로 고수익만 추구해서는 안 된다.

'급할수록 돌아가라'는 말은 돈 관리에도 적용된다. 저금리, 고령화 시대에는 항상 고수익에 대한 유혹이 있다. 하지만 위험 없는 고수익은 없다. 일단 지금까지 모아놓은 개인연금, 퇴직금 등의 자산을 효율적으로 활용하는 데 초점을 맞춰야 한다. 모자라는 노후자금은 일자리를 통해 보완하고 집이 있다면 주택연금도 활용할 수 있다. 저금리 시대에는 어차피 이자도 많이 붙지 않는다. 조금 덜 쓰고 건강 관리 잘하는 게 노후자금 부담을 줄이는 현명한 지름길이다.

있는 자산 효율적으로 활용하는 법

돈이 많지 않을 때는 효율성을 높이는 게 중요하다. 넉넉지 않은 자산이라도 적재적소에 자산을 배분해 활용하면 가치를 높일 수 있다. 이를 위해 막연한 낙관론자보다는 구체적인 낙관론자가 돼야 한다. 막연한 낙관론자들은 '설마 굶어 죽기야 하겠어?' 또는 '모아놓은 돈이 없다면 일을 하면 되지 뭐' 하며 애써 평안을 찾는다. 하지만 이런 방식으로는 긴 노후를 행복하게 지낼 수 없다. 냉정히 현실을 바라보는 데서 실마리를 풀어나가자. 할 수 있는 일과 할 수 없는 일을 구분하고 할 수 있는 일부터 해나가다보면 어려운 문제도 조금씩 풀리게 마련이다. 구체적인 낙관론자는 현실에 기반을 두고 최선을 다하는 사람이다.

만약 당신이 구체적인 낙관론자라면 이런 생각을 해야 한다.

'검소하게 살더라도 노후에 월 200만 원은 필요할 것 같다. 지금 상태로는 국민연금과 퇴직연금, 개인연금으로 월 생활비 120만 원은 받을 수 있다. 모자라는 80만 원을 지금부터 어떻게 마련할까. 지금이라도 아내를 국민연금에 가입시켜서 월 20만 원을 보완하고 앞으로 5년간 매월 50만 원씩 저축해 3,000만 원을 모은다면 월 생활비 15만 원을 더 마련할 수 있다. 모자라면 퇴직 후 일을 해 최소한 매월 50만 원을 벌거나 집을 담보로 주택연금에 가입해야겠다. 무엇보다 60세 이후에도 일이 있어야 하니까 틈틈이 취업센터를 방문해 향후 어떤 일이 유망한지, 그중 내가 잘할 수 있는 일이 뭔지 찾아야겠다. 앞으로는 '노인생활체육지도사'도 괜찮을 것 같은데 지금부터 필요한 자격증에 도전해야겠다.'

이렇게 스스로를 격려하며 구체적인 방법과 해결책을 찾는 게 중요하다.

만약 올 부장처럼 당장 퇴직을 앞두고 있다면 현재 있는 자산을 최대한 활용하는 전략을 세울 수 있다. 국민연금의 경우 연금 수령 시기가 정해져 있어서 퇴직 후 연금 수령 시기까지 연금 공백 기간이 생긴다. 예를 들어 58세에 퇴직하고 국민연금을 65세부터 받는 다면 8년의 연금 공백 기간이 발생한다. 국민연금이 나올 때까지 가교연금이 필요한데 개인연금과 퇴직연금, 그리고 보유한 금융자산 등을 최대한 가교연금으로 활용하는 전략이 필요하다. 개인연금과 퇴직연금은 대부분 만 55세 이후부터 연금을 받을 수 있고 보험사의 개인연금상품(연금보험, 변액연금보험, 변액유니버셜보험 등)들은 만 47세 전후부터 연금 수령이 가능하다.

이런 상품들을 활용하되 연금 수령 시기를 적절히 조절할 필요가 있다. 연금 수령 시기는 짧을수록 연금수령액이 많고 길수록 연금 수령액이 줄어든다. 예를 들어 연금 수령 기간을 10년 확정형으로 설정하면 20년 확정형에 비해 연금수령액이 많아진다. 노후가 길다는 걸 감안하면 연금 수령 시기를 길게 하는 게 좋다. 하지만 가교연금의 경우 연금액이 너무 적어서는 실생활에 도움이 못되므로 연금 수령 시기를 짧게 해서 연금액을 늘리는 전략이 필요하다. 국민연금이 나올 때까지 상황에 맞게 연금 수령 기간을 짧게 해서 집중적으로 받는 방법을 선택할 수 있다. 참고로 국민연금을 조기에 당겨서 받는 '국민연금 조기 노령연금' 제도가 있지만 이 경우 연금수령액이 줄어들기 때문에 가능한 이 방법은 사용하지 않는 게 좋다.

'국민연금 조기 노령연금'은 예정된 연금 수령 시기보다 최대 5년을 앞당겨서 받는 연금을 말하는데 1년씩 앞당길수록 연 6%씩 지급률이 줄어든다. 만약 5년을 앞당기면 지급률은 예정된 노령연금의 70%로 줄어든다. 일찍 받으면 금액이 줄더라도 받는 기간이 늘어나 이득이라고 생각하는 사람도 간혹 있다. 하지만 100세 시대에 생각보다 오래 사는 위험이 크다는 점을 감안해야 하므로 차라리 개인연금을 앞당겨서 활용하는 게 낫다. 국민연금의 경우 매년 물가상승을 감안해서 연금수령액을 올려주고 평생 받을 수 있기 때문이다. 일부 여유 있는 사람들은 오히려 국민연금 받는 시기를 늦추는 '연기연금'을 신청하기도 한다. 연기연금의 경우 1년 늦출수록 받는 금액이 7.2%씩 상향 조정된다. 만약 5년을 늦춘다면 36%를 더 받게 된다.

평생 써야 하는 연금인데 가교연금으로 초반에 몰아 쓰면 불안하지 않을까? 하지만 너무 걱정하지 않아도 된다. 다양한 방법을 통해 안전장치를 만들어나가면 된다. 그리고 언제 연금이 집중적으로 필요한지를 따져보고, 재무목표와 인생흐름을 잘 연결하면 돈의 효율성을 높일 수 있다. 정년 후 행복한 노후를 만드는 건 각자의 준비와 노력에 달려 있다. 그리고 그런 노력들은 당장 시작해야 한다.

넉넉지 않은 자산도 적재적소에 배치하면 가치를 높일 수 있다

9장

나는 월세로
월급만큼 받는다

왜~? 임차봉하면 우리 동기에서 전설인데.

자네 대리 때였나, 취미로 하던 주식값이 치솟았잖아.

결국 회사도 그만두고 본격적으로 주식판에 뛰어든 거 아닌가.

왜만한 배짱으론 어림없지!

그렇게 번 돈으로

땅도 사고.

임대실

차도 사고.

결혼도 하고.

그러고도 오피스텔 몇 채까지 가지고 있으니...

나도 퇴직금으로 임대업하면서 주식 좀 해보면 어떨까 하는데. 좀 도와주라.

따리링~

여보세요.

네.

네.

네. 네.

30분 후에
뵙도록 하죠.

친구야.
창피해서 말
안 하려고 했는데...

그때 내가 젊고
치기어린 생각에
회사도 관뒀었지.
그리고 지금 나는...

그때 회사를 그만둔 것을
가장 후회하고 있다.

그때 생각지도 못했던
벤처 주식이 대박을
쳤는데, 거의 로또
수준이었어.

그때는 내가 뭐든지
할 수 있을 것 같더라.

외제차도 사고..

중고였지만...

여자 바꿔가며 옆구리에
끼고 다니면서 내가
뭐라도 된 줄 착각했지.

주식으로 번 돈 주식
으로 전부 잃고 나서야
정신이 들더군.

:

셋방살이라는 말이 있다. 가난한 시절 월세를 밀리거나 못 내서 집주인의 눈치를 많이 보면서 생겼던 말이다. 셋방살이라는 말에는 예전의 서러움과 슬픔이 묻어난다. 집 한 채 장만하는 것이 아직도 많은 사람들의 꿈이다. 거기서 더 나아가서 월세를 받는 입장이 된다면 얼마나 행복할까? 적은 돈이라도 월세가 나오는 부동산을 가지고 있다면 은퇴생활에 도움이 되는 것은 자명하다. 아직 아무런 대비도 없는 올 부장은 건물주 임 사장이 부럽다. 그러나 세상 모든 일이 그렇듯 임대사업이라고 해서 편하기만 할까?

'노후에 월세나 받아서 생활할까?' 이런 상상을 하는 사람은 많다. 일종의 로망이다. 이 또한 현실을 직시하고 접근할 필요가 있다. 월세 역시 수요와 공급이 수익률을 결정한다. 지역에 따라 다르겠지만 저출산 고령화로 월세 수요는 늘지 않는데 월세 공급이 많아진다면 월세 수익률은 떨어진다. 갈수록 은퇴자들은 늘어나고 이들의 상당수는 여전히 월세로 노후를 보내려는 로망이 있다. 우리나라 전체 인구의 14.6%를 차지하는 베이비부머들이 은퇴 후 월세에 대한 로망을 버리지 못하고 월세를 놓기 시작하면? 인구가 유입되는 일부 지역을 제외하면 수요보다 공급이 늘어날 수밖에 없다. 특히 내수 경기침체와 자영업자들 간의 경쟁심화로 공실률은 높아지는 반면 임대수익률은 지속적으로 낮아지고 있다.

임대수익의 숨은 함정 찾기

올해 56세인 임대선 씨는 서울에서 복합쇼핑몰 상가를 분양받았다. 3년간 연 10%의 임대수익을 보장한다는 조건이 너무 마음에 들었다. 하지만 보장기간이 끝나자 임대료 지원은 끊어졌다. 문제는 그 다음에 발생했다. 세입자는 장사가 안 된다고 임대료를 낮춰주지 않으면 다른 곳으로 가겠다고 으름장을 놓았고 임 씨는 할 수 없이 요청을 받아들였다. 이후 임대수익률은 연 2%대로 뚝 떨어졌다. 낮은 임대료가 만족스럽지 않지만 언제든 세입자가 나갈 수 있다는 생각에 늘 마음이 조마조마하다. 임 씨는 상가 분양 대신 연 3~4% 이자를 받는 채권에 넣어두는 게 속편하겠다는 생각에 오늘도 잠을 설친다.

그나마 임 씨의 경우는 3년간 임대수익을 제대로 받아서 최악의 상황은 아니다. 임대수익 보장기간이 1~2년으로 매우 짧은 경우도 있고, 임대수익을 보장했던 업체가 자금난 등으로 아예 약속을 못 지키는 경우도 허다하다. 임 씨를 유혹했던 '연 10% 확정 임대수익률 보장' 등의 광고는 주변에서 흔히 볼 수 있다. 은행에 돈을 맡겨도 이자를 연 2% 받기 힘든 세상에 연 10%의 임대수익률은 우리를 현혹한다. 하지만 달콤한 유혹일수록 사기이거나 숨은 함정이 있을 가능성이 매우 높다. '연 10%의 고수익을 확정적으로 준다면 왜 자신이 직접 하지 않고 남한테 좋은 기회를 주려고 할까'라는 단순한 질문을 스스로에게 해봐야 한다.

고령화 저성장 시대에 접어들면서 우리는 지금껏 경험하지 못했던 초저금리 시대에 살고 있다. 몇 년 전 일본에서 연 0.5% 예금상품을 1년 만기 특판 상품으로 판매하는 광고를 본 적이 있다. 당시만 해도 국내 은행예금 금리가 연 5% 정도여서 우리의 10분의 1에 해당하는 낮은 금리였다. 그것도 기간이 한정된 특판 예금이었고 최소한 300만 엔 이상, 우리나라 돈으로 대략 3,000만 원 이상을 예치해야 받을 수 있는 금리였다. 그때만 해도 당장 우리와는 상관없는 먼 훗날의 이야기라고 생각했는데 예상보다 빨리 저금리가 우리의 현실이 되고 있다.

실질적인 임대수익을 정확히 따져보자

빠른 속도로 찾아온 저금리 시대는 부동산에 대한 우리의 생각을 확 바꿔놓았다. 전세 위주의 임대시장이 월세 위주로 빠르게 바뀌었다. 그만큼 오피스텔, 상가, 빌딩 등 수익형 부동산에 대한 수요를 증가시켰다. 수익형 부동산은 다양한 분야로 확대되고 있다.

레저인구가 늘면서 레저 용도로 빌려주고 수익을 얻는 아파트에 대한 관심도 높은데 강원도 평창에 있는 아파트들이 대표적인 사례다. 스키 시즌에 주말이나 휴가를 내 평창을 방문하는 스키어들이나 스키 강사들의 수요가 꾸준하다. 이외에 외국인 관광객들을 대상으로 하는 게스트하우스도 인기다. 흥미로운 건 토지의 월세화다. 토지는 아파트와 함께 전통적으로 시세차익을 기대하고 투자하는 부동산이었다. 하지만 최근에는 토지에 창고를 지어 월세를 받거나 공장을 지어 임대하는 등 부동산의 수익상품화는 매우 빠른 속도로 진행되고 있다. 고령화 저금리시대에 접어들수록 이런 현상은 꾸준히 지속될 가능성이 높다.

하지만 일부 지역을 제외하면 안정적인 월세 수익을 올릴 수 있는 곳이 많지 않다. 연애와 결혼이 다르듯이 로망과 현실이 다른 건 수익형 부동산에도 적용된다. 상가나 오피스텔에 대한 열기는 높지만 사례의 임 씨처럼 상가 등 수익형 부동산에 투자해 속앓이를 하는 사람들이 꽤 많다. 내수 경기가 힘들어지고 대형마트 등의 등장으로 아파트 단지 내 상가는 활기를 잃은 지 오래다. 위험을 줄이려면 유동인구가 많은 역세권 등 불황에 강한 지역을 선택해야 하는데 이런 곳은 가격 자체가 비싸다는 단점이 있다.

KB국민은행 자료에 의하면 2015년 상반기 서울 오피스텔의 평균 임대수익률은 대략 연 5.5% 정도다. 여전히 은행 금리보다는 훨씬 높은 수준이다. 하지만 지역별 평균수익률만 봐서는 안 된다. 같은 지역이라도 실제 수익률은 천차만별이어서 주변 유동인구가 많은지, 그중 실수요는 어느 정도인지를 꼭 확인해보고 투자해야 위험을 줄일 수 있다. 또한 지역별 특성도 감안해야 한다. 예를 들어 서울 강남구 등 인기 지역은 매매 가격이 비싸고 경쟁이 심해 임대수익률은 낮지만 수요가 안정적이어서 공실 가능성은 적다. 이렇게 지역별로 특성이 다르고 같은 지역이라도 수익률 차이가 크기 때문에 투자하기 전에 발품도 많이 팔고 오랜 기간 관찰하는 등 신중히 접근해야 한다. 지금은 공실도 없고 임대수익률이 좋다고 하더라도 향후에는 어떤 변수가 생길지 모른다. 그만큼 수익형 부동산 투자는 쉽지 않다.

무엇보다 수익형 부동산의 핵심은 임대 소득이다. 임대수익률은 최소한 정기예금 금리의 두 배는 훨씬 넘어야 투자 매력이 있다. 예를 들어 은행 금리가 연 2%라면 임대수익률은 연 5~6% 정도는 돼야 한다. 예금과 달리 수익형 부동산은 재산세, 임대소득세, 중개수수료, 공실비용, 대출이자, 건강보험료 등을 고려한 실질 수익률을 따져봐야 하기 때문이다. 결국 모든 비용을 빼고 실제로 손에 쥘수 있는 수익을 은행 금리와 비교해야 정확하다. 여기다 세입자 관리로 인해 발생하는 정신적 스트레스와 건물 노화에 따른 감가상각도 감안해야 한다.

임대수익의 함정을 줄이는 방법

첫째, 임대가 잘 나갈 만한 곳을 선택해야 한다. 유동인구가 많은 역세권 지역이 대표적이다. 이런 곳은 가격 대비 임대수익률이 다소 떨어질 수 있지만 수요가 안정적이라는 장점이 있다. 아니면 미래에 발전 가능성이 높은 곳도 좋다. 당장은 생활 기반이나 교통여건이 썩 좋지 않더라도 기업이나 백화점 등이 들어오거나 지하철이 개통될 예정인 곳들을 미리 선점하면 임대 자산의 가치를 높일 수 있다.

둘째, 다가구나 다주택, 원룸보다는 아파트가 관리하기 편하다. 다가구, 다주택, 원룸 등은 시간이 흐를수록 노후화가 빨라 관리하기 힘들다. 수익형 부동산의 경우 장기간 안정적인 현금흐름이 발생해야 한다. 이런 점에서 상대적으로 관리하기 쉽고 세입자의 선호도가 높은 아파트가 안전하다. 특히 1~2인 가구의 증가로 소형 아파트에 대한 수요는 안정적으로 이어질 가능성이 높다. 나중에 팔 때 환금성면에서도 아파트가 뛰어나다. 부동산은 사기 쉬운 물건보다 팔기 쉬운 물건에 투자해야 한다. 공실 발생 등 최악의 경우 임대인이나 가족들이 직접 사용하기에도 아파트가 편하다.

셋째, 상가보다는 주택 중심의 임대사업이 상대적으로 안전하다. 상가의 경우 변수가 너무 많다. 상권이 바뀔 수 있고 경기침체와 고령화로 인해 수요가 줄어들 가능성이 발생한다. 특히 자영업의 경쟁심화로 공실 위험과 임대수익률 하락의 위험이 언제든 발생할 수 있다. 몇 년 전까지만 해도 잘나가던 분당 상권이 판교 신도시로 인해 영향을 받은 사례와 정부청사의 이전으로 타격을 받은 과천의 상권을 예로 들 수 있다.

넷째, 싸게 사야 한다. 아무리 좋은 물건도 비싸게 사면 효율성이 떨어지기 마련이다. 수익형 부동산 역시 현재의 인기도만을 보고 비싸게 사면 향후 시장 침체 시 낭패를 볼 수 있다. 가격이 이미 많이 오른 지역에 무리하게 투자하기보다는 저평가된 지역에 투자하거나 법원 경매 등을 활용해 싸게 구입하는 게 위험을 낮추는 길이다.

다섯째, 실제 손에 쥐는 수익률을 계산해봐야 한다. 모든 비용을 감안한 실제 수익률이 최소한 은행 예금이자의 두 배를 훨씬 넘는 수준인지 따져보자. 특히 대출 등을 빼고 실제 투자된 자기자본(내 돈) 대비 수익률을 은행 예금이자와 비교해보고 결정해야 한다.

여섯째, 너무 높은 임대수익률로 현혹하는 곳은 주의해야 한다. 임대수익률 보장기간이 있어도 보장기간이 짧거나 임대수익 보장업체가 부도가 나는 경우도 있다. 따라서 임대수익률 보장이란 단어에 현혹되지 마라. 이외에 건물주와 세입자 간 임대계약서상의 월세와 실제 통장에 들어오는 월세가 다를 수 있어 주의해야 한다. 임대수익률을 높이기 위해 허위로 임대계약서를 작성하는 편법이 있을 수 있으므로 임대수익률이 너무 높다면 월세가 들어오는 통장도 확인해봐야 한다. 이때 월세의 금액은 물론이고 월세가 매월 일정하게 들어오는지도 반드시 살펴봐야 한다.

준비된 자만이 성공할 수 있다. 수익형 부동산 역시 노후의 로망이 되려면 사전에 꼼꼼한 확인과 점검으로 위험을 줄여야 한다. 부동산에 대한 경험이 없어 입지 선정이나 세입자 관리 등 스스로 잘할 자신이 없다면 차라리 매월 이자나 수익이 발생하는 금융상품을 대안으로 찾는 것도 좋은 방법이다.

연애와 결혼은 다르다.
수익형 부동산은
결혼 상대를 찾는 관점에서 접근해야 한다

월세보다 마음 편한
인프라펀드

　올해 54세인 정길환 씨는 3년 전에 구입한 오피스텔 때문에 속이 상한다. 2억3,000만 원에 분양받은 오피스텔의 시세가 5,000만 원 하락했기 때문이다. 현재 보증금 3,000만 원에 월세 70만 원을 받고 있지만 실투자액 2억 원 대비 임대수익률은 연 4.2% 정도에 불과하다. 중개수수료와 보유세 등 비용을 감안하면 수익률은 더 하락한다. 주변에 자꾸 들어서는 오피스텔과 원룸에 불안감을 느낀 정 씨는 더 늦기 전에 오피스텔을 파는 게 낫다는 생각이 들어 부동산에 매도를 부탁했다. 하지만 3개월이 지나도 사겠다는 사람이 나타나지 않아 걱정이다.

　이런저런 이유로 수익형 부동산이 부담스럽다면 애를 먹이지 않고 착하게 월세를 만들어낼 방법은 없을까? 연 5% 정도의 금리면 만족한다고 눈높이를 낮춘다면, 그리고 부동산처럼 실물이 존재해야 한다는 고정관념만 바꾼다면 금융상품 중에서 대안을 찾을 수 있다. 대표적인 대안 상품은 '맥쿼리인프라'펀드다. 맥쿼리인프라펀드는 인천국제공항 고속도로, 인천대교, 서울-춘천 간 고속도로, 우면산 터널 등 사회간접자산에 투자(2015년 말 현재 총 12개 자산을 보유 중)해 통행료 수입 등 수익이 발생하면 이를 재원으로 배당을 한다. 통상 투자한 자산에서 발생하는 수익의 90% 이상을 투자자(주주)

에게 배당으로 돌려준다.

맥쿼리인프라펀드에 투자하면 배당금은 6개월마다 지급된다. 배당금은 매년 변동되지만 큰 폭의 등락 없이 비교적 안정적으로 발생해왔다. 2015년 배당금은 상반기 210원, 하반기 245원 등 총 455원이었다. 주가에 따라 배당 수익률이 달라지지만 최근 8,000원선에서 거래가 되는 점을 감안하면 대략 연 5.7% 정도다. 물론 주가가 떨어지면 배당수익률은 올라가고 주가가 올라가면 배당수익률은 하락한다. 하지만 거래가격이 비교적 안정적이라는 걸 감안하면 대략 연 5% 내외의 수익을 기대할 수 있다.

배당금은 매년 6월 말과 12월 말을 지급기준일로 해서 지급된다. 하지만 실제로 배당금이 지급되는 시기는 상반기 배당금의 경우 8월 중순, 하반기 배당금의 경우 다음해 2월 하순경이며 펀드를 보유하고 있는 증권사 계좌로 입금된다. 6개월마다 배당금이 지급되기 때문에 배당금으로 매월 생활비를 충당하는 경우라면 CMA통장이나 MMF통장에 넣어두고 매월 필요한 금액을 인출해서 사용하는 것이 무난한 방법이다. 만약 배당금으로 적금 또는 적립식펀드에 가입하고 싶다면 배당금이 들어 있는 통장에 자동이체를 걸어두고 6개월 치 배당금을 6등분해서 매월 적립식으로 투자하면 된다. 가령 배당금이 60만 원이면 매월 10만 원씩 자동이체 방식을 통해 분산투자가 가능해지는 셈이다.

:: 맥쿼리인프라펀드의 좋은 점 ::

1. 은행 예금금리보다 높은 배당금이 안정적으로 꾸준히 발생한다.
2. 물가가 오르면 통행료 등 수익금도 올라서 그만큼 배당금이 늘어날 가능성이 높다.

3. 필요할 때 언제든 현금화할 수 있다.

:: 맥쿼리인프라펀드가 숨기고 싶은 점 ::

1. 확정금리가 아니어서 배당금이 매년 변동한다.

2. 시중 금리 또는 예금금리가 크게 오를 경우 투자매력이 줄어든다.

3. 현금 배당을 할 때 배당락(배당을 한 만큼 주가가 떨어지는 것)이 발생한다.

4. 펀드가격(주가)이 매일 변동하기 때문에 가격 변동성에 노출된다. 그러나 가
   격 변동폭은 그리 크지 않다. 다만, 금리가 급격히 하락하거나 폭등하는 경우
   또는 배당금이 예상치 않게 변동하는 경우 가격이 크게 움직일 수 있다.

:: 배당금 실전 활용법 정리 ::

1억 원을 투자하고 6개월마다 배당금이 300만 원(연간 600만 원) 발생한
다면 다음과 같이 배당금을 활용할 수 있다.

1) 배당금을 생활비로 사용할 때

→ 300만 원을 통장에 넣어두고 6분의 1인 50만 원을 매월 꺼내 쓴다.

2) 아직 은퇴 전이라 배당금으로 저축을 하고 싶을 때

→ 배당금을 넣어두고 배당금이 들어오는 통장을 모계좌로 해서 6분의 1로 나
   눈 월 50만 원을 자동이체 금액으로 정해 적금이나 적립식펀드에 가입한다.

:: 주가가 빠질 때를 대비한 배당금 활용법 ::

서대호 씨는 3년 전 맥쿼리인프라펀드에 6,000만 원을 투자했다. 당시 맥쿼
리인프라펀드의 가격은 6,600원. 이후 주가가 6,000원까지 빠지자 매우 속

이 상했다. 하지만 6개월마다 들어오는 배당금을 재투자하면 손해를 줄일 수 있다는 생각에 그 후 발생한 다섯 번의 배당금을 활용해 맥쿼리인프라펀드를 추가로 매입했다. 이후 시중금리가 하락하자 맥쿼리인프라펀드의 주가도 조금씩 올랐다. 현재 평가액은 약 8,400만 원. 최초 투자액 6,000만 원 대비 40%의 누적 수익을 거두었다. 연이율로 환산해도 연평균 13%가 넘는 높은 수익률이다.

맥쿼리인프라펀드는 최근 몇 년간 시중금리 하락으로 주가가 많이 올랐다. 따라서 지금 투자하기에는 다소 부담을 느낄 수 있다. 하지만 얼마에 사든 연 5% 내외의 수익률에 만족할 수 있고 은퇴할 때까지 매년 배당금을 꾸준히 재투자한다면 가격 변동에 따른 위험을 상당히 줄일 수 있다.

참고로 맥쿼리한국인프라투융자회사(www.macquarie.com/mgl/mkif/kr) 홈페이지를 방문하면 맥쿼리인프라펀드에 대한 상세한 내용을 접할 수 있다. 맥쿼리인프라펀드는 사회기반시설에 대한 민간 투자법에 따라 사회기반시설을 자산으로 해 구성된 펀드이며 2006년 3월에 한국거래소에 상장됐다.

수익형 부동산의 위험은 시세 하락과 월세 수입 하락이다. 맥쿼리인프라펀드도 예상과 달리 향후 배당수익률이 줄어들 수 있고, 시중금리 상승으로 매력도가 떨어질 위험이 있다. 하지만 이는 수익형 부동산도 마찬가지다. 수익형 부동산 역시 공급과잉으로 인한 월세수익률 하락 또는 공실 위험과 건물 노후화에 따른 건물 가치 하락 등의 위험이 있다. 세상에 공짜는 없는 셈이다. 하지만 맥쿼리인프라펀드는 세입자 관리와 환금성에 대한 위험이 없다. 마음 편하게 배당 받다가 현금이 필요하면 언제든 주식 팔듯이 팔 수가 있다. 장단점을 따져보고 자신의 성향과 상황에 맞는 상품을 선택하는 게 최선이다. 맥쿼리인프라펀드는 월세에 대한 대안 상품 중 하나일 뿐이므로 이외에 즉시연금이나 채권 등 다양한 금융상품으로 분산해서 위험을 줄이는 게 바람직하다. 그리고 어디까지나 투자의 선택은 개인의 몫이다.

10장

창업이
만만해 보이나

이거다!

미안하다 곧은아. 뭐라도 먹을래?

아냐. 밥 먹고 왔어.

것보다 여기는 자본금이...

여기요!!!

네~!!

바쁘군. 좋은 것이야. 바빠야 돈이 잘 벌리지.

네~네~.

아저씨!!!

이거 방금 시킨 라면인데, 뭐가 이렇게 퉁퉁 불었어요? 그리고 왜 이렇게 짜요?? 네??

아니 저런 버릇없는..! 조금 아까 시켜놓고 10분은 통화하는 것 같더만...

딱 봐도 20대인 것이 어른한테 저따구로..

죄송합니다. 다시 끓여서 드리겠습니다.

회사를 다니는 직장인의 진짜 로망은 사표가 아닐까? 화나고 불합리한 일을 당해도 꾹 참고 일하다보면 누구나 마음속에 사표를 품게 된다. 누군가 '회사 때려 치면 뭐 할 건데'라고 물으면 보통은 '그냥 작은 식당이나 차리지 뭐' 하는 식으로 대답한다. 소규모 자영업을 언제든지 시작할 수 있는 일로 만만하게 보는 것이다. 올 부장도 친구가 하는 가게의 겉모습만 보고 쉽게 생각하고 있다. 그러나 우리는 겉모습이 아니라 내실이 중요하다는 걸 잘 알고 있는 나이다.

정년을 2년 앞둔 김재현 씨는 은퇴가 하루하루 다가오자 조금씩 마음이 급해지는 걸 느낀다. 답답한 마음에 3년 전 퇴직해 핸드폰 대리점을 하는 선배와 술 한 잔 기울이며 창업이나 가게를 여는 것에 대해 이야기를 나누었다. 김 씨는 퇴직 시 받게 될 퇴직금 8,000만 원에다 대출을 좀 받아서 프랜차이즈 가게를 창업하려고 의견을 물었다. 그러자 선배는 "사고 치지 말고 차라리 그냥 산에나 다니라"고 했다. 목돈에 함부로 손대지 말라고 손사래를 쳤다. 꼭 일하고 싶으면 대형 면허를 따서 버스를 운전하거나 남의 눈치 보지 말고 주유소 아르바이트라도 하는 게 남는 장사라고 한다.

평촌에서 8개월 전 커피전문점을 개업한 천대석 씨는 요즘 가게를 연 걸 후회하고 있다. 아내와 함께 하루도 쉬지 않고 일해도 매월 수입이 200만 원 미만이기 때문이다. 여기에 대출금 8,000만 원에 대한 원리금 상환액 55만 원을 제하면 두 부부의 인건비도 제대로 안 나온다. 매장에 들어간 돈은 총 1억4,000만 원이다. 이 중 인테리어와 집기 구매에 들어간 돈은 약 5,000만 원선. 가게를 접을 경우 대출금 갚고 비용 감가상각하면 달랑 1,000만 원만 남는다. 가게를 쉽게 접지 못하는 이유다. 만약 주변에 다른 커피점이라도 추가로 들어서서 매출이 줄면 가게를 계속할 수 있을지 걱정이다.

창업하면 성공할까

우리나라 카페의 창업 5년 후 생존율은 전국 평균 26%에 불과하다. 안전행정부 자료에 따르면 전국 12개 주요 도시 창업 후 5년간 음식점별 영업지속률은 중식, 한식, 일식, 호프집 등의 업종이 카페, 대포집, 치킨집 등의 업종보다 높았다. 이 중 중식당의 생존율이 그나마 68%로 가장 높았고 카페가 26%로 가장 낮았다.

우리나라에서 자영업은 시작하기는 쉬워도 성공하기는 어렵다. 우선 경쟁이 극심하다. 직장을 그만두고 마땅히 할 일을 찾지 못한 퇴직자들이 쉽게 시작하는 게 식당과 같은 자영업 창업이다.

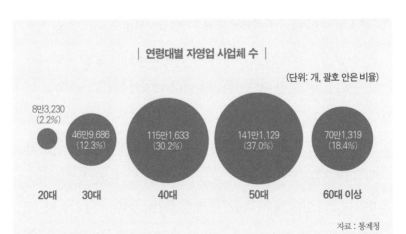

| 연령대별 자영업 사업체 수 |

(단위: 개, 괄호 안은 비율)

8만3,230
(2.2%)

46만9,686
(12.3%)

115만1,633
(30.2%)

141만1,129
(37.0%)

70만1,319
(18.4%)

20대   30대   40대   50대   60대 이상

자료 : 통계청

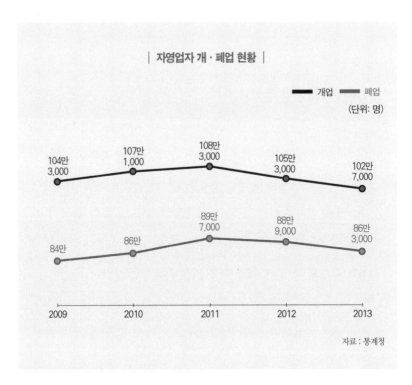

| 자영업자 개 · 폐업 현황 |

━━ 개업 ━━ 폐업

(단위: 명)

104만
3,000

107만
1,000

108만
3,000

105만
3,000

102만
7,000

84만

86만

89만
7,000

88만
9,000

86만
3,000

2009   2010   2011   2012   2013

자료 : 통계청

특히 2012년부터 1차 베이비부머(1955~1963년 출생자로서 인구 수 712만 명)들의 은퇴가 본격화하면서 경쟁이 더 치열해졌다. 대략 베이비부머의 약 39%가 자영업에 종사한다고 한다. KB금융지주 경영연구소 2013년 자료를 보면 우리나라의 치킨가게 숫자(3만6,000곳)가 전 세계 맥도날드 매장 수(3만5,429곳)보다 더 많다.

2014년 기준으로 국내 자영업자 수는 685만 명에 이른다. 총 취업자 중 자영업 종사자 비중은 26.8%에 달한다. 참고로 미국 7%, 영국 14%, 일본 12% 등에 비하면 매우 높은 수준이다. 그런데 50대 이상에서는 더욱 심하다. 자영업에 진입하는 숫자가 퇴출자 수에 비해 더 많다. 재취업이 가능한 40대 이하에서는 자영업자들의 월급생활자로의 이동이 많지만 재취업이 상대적으로 힘든 50대의 경우는 여전히 자영업 비중이 높다. 50~60대의 경우 대박을 기대하기보다는 먹고살기 위해 할 수 없이 시작하는 생존형 창업이다. 경쟁이 워낙 치열하다 보니 자영업을 '패자들의 전쟁'이라고 부르는 사람들도 있다.

무조건 창업을 말리는 건 아니다. 창업을 고민한다면 창업이 쉽지 않다는 것부터 인식해야 한다. 그리고 돈을 투자하기 전에 몸으로 그 일을 먼저 체험해봐야 한다. 카페를 개업하기 전에 카페에서 일해보고 식당 개업에 관심이 있다면 개업 전 식당에서 종업원으로 일해본 후 최종 결정을 해야 한다. 겉에서 보는 것과 안에서 직접 체험하는 건 상당히 다르다. 개업 전 장사 잘되는 식당을 몇 군데 들러 노하우 정도만 물어보고 식당을 개업하는 경우가 많다. 하지만 이런 경우 대부분 실패한다.

깊숙이 그 일에 들어가 생생하게 경험을 해봐도 성공하기가 쉽지 않은데 그런 과정도 없이 개업하는 건 소화기도 없이 불난 곳에 뛰어드는 것과 같다. 최소한 1년 이상 종업원으로 일하다보면 식당의 세부적인 것들을 경험해볼 수 있다. 매장 서빙만 해볼 게 아니라 음식도 만들어보고, 설거지도 해봐야 한다. 주인 입장에서 식당일을 경험해보면 식당의 자리 배치에 대한 노하우, 고객들을 대하는 방법, 매출 단가를 올리는 방법, 직원이나 아르바이트생 관리 방법에 대한 안목이 생긴다.

일을 하든, 창업을 하든 인생 후반기의 직업은 지금과는 다른 관점에서 준비하고 시작해야 한다. 잘할 수 있는 일을 하는 것이 가장 좋지만 그렇지 못하다면 즐거운 마음으로 일하는 것이 좋다. 건강 관리 잘하면서 즐겁게 일하다보면 그동안 보지 못했던 것을 볼 수 있고 거기서 길을 찾을 수 있다. 편의점에서 아르바이트를 하더라도 주인의 관점에서 즐겁게 고객들을 대하고 관찰하면 창업의 아이디어로 연결될 수 있다.

시간만 때우고 돈 받을 생각에 영혼 없는 눈빛으로 고객을 대한다면 적은 시급 받으며 곤궁하게 노후를 보낼 가능성이 크다. 하지만 능동적으로 고객들을 대하면 그들에게 필요한 게 무엇이고, 그들의 욕구를 충족시켜주는 방법들이 눈에 보이게 마련이다. 이러한 적극적이며 창의적인 태도는 창업으로 자연스럽게 연결될 수 있고 창업의 성공 확률도 높인다. 취업이든, 창업이든 직장에 포커스를 맞추지 말고 하는 일에 혼을 실어보자. 어느 자리에 있든 오랜 기간 활기차게 일할 수 있을 것이다.

뻔한 창업 보다 재취업

창업에 아직 자신이 없다면 적절한 일자리를 찾는 것이 안전하다. 퇴직 전에 미래를 내다보고 새로운 직업을 준비했다면 다행이겠지만 직장에 몸담고 있으면 이 또한 쉽지 않다. 지금이라도 원하는 일이 무엇이고 새로 시작할 만한 일이 있는지 결정하고 준비해야 한다.

취업의 문이 좁기는 청년이나 장년이나 마찬가지다. 그러나 마음을 비우고 할 수 있는 일을 최대한 찾아보는 노력이 필요하다. 남과 조금 다른 생각을 해보면 일자리를 찾을 수 있다. 예를 들어, 100세 시대가 현실화되고 있다는 걸 감안해 건강관리도우미, 환자도우미 등 노인을 위한 일자리에 관심을 기울이고 준비한다면 기회를 얻을 수 있다.

창업이든, 재취업이든 잘 준비해서 자신이 하고 싶은 일을 하는 것이 가장 좋다. 이를 위해서 현업에 있을 때 하루라도 빨리 준비하는 것이 최선이다. 재취업을 준비한다면 가장 먼저 이력서와 자기소개서부터 제대로 작성해야 한다. 일자리는 적은데 구직자는 엄청 많다. 평범한 이력서나 자기소개서를 덜렁 들고서 취업에 성공하려 한다면 오산이다. 인사 담당자에게 어필할 수 있는 나만의 이력서와 자기소개서로 무장해야 한다.

이력서나 자기소개서 쓴 지가 오래됐다면 취업준비센터나 전문가의 도움을 얻어 제대로 작성해보자. 재취업의 첫 관문을 통과하려면 경쟁력 있는 이력서와 자기소개서가 필요하다. 기본부터 착실히 만들자. 그 다음 구직 사이트를 최대한 두드려보고 일자리를 찾는 것이 순서다.

구직 활동을 위해서는 정부 지원 기관을 활용하는 것이 좋다. 전국경제인연합회(www.fki-rejob.or.kr), 중소기업중앙회(http://smjob.or.kr), 노동부가 운영하는 워크넷(www.work.go.kr), 중장년일자리희망센터(www.4060job.or.kr) 등 취업 사이트도 활용해볼 만하다. 자신이 원하는 기업들의 목록을 정한 다음 채용 계획이 있는 곳에 직접 e메일을 보내는 것도 좋은 방법이다.

성심성의껏 작성한 이력서와 자기소개서를 만든 후 최대한 많은 직장의 문을 두드린다면 재취업의 가능성은 높아진다. 신입사원과 달리 오랜 사회생활을 해왔다면 그동안 경험했던 자신만의 노하우가 필요한 곳은 분명 존재하기 때문이다. 단, e메일의 경우 채용담당자에게 전달되지 못하고 스팸메일 등으로 새나갈 수 있기 때문에

e메일을 보낸 후 담당자에게 전화를 해서 접수 여부를 확인해야 한다. 제2의 직업을 구할 때도 적극적인 자세와 열정을 가진 사람만이 길을 열어나갈 수 있다.

창업에 앞서 재취업을 고민하자

이도저도 아니면
시골에서 살아볼까

인생의 중반을 넘어서는 사람이면 한 번쯤 한적한 전원생활이나 시골생활을 꿈꾼다. 오랜 도시생활에 지치고 사람들과의 복잡한 관계에 치이면서 여유를 되찾고 싶은 마음이 생긴다. 특히 고향이 지방이라면 어린 시절에 대한 향수가 더해져 이런 욕망은 한층 커진다. 올 부장도 귀농 준비하는 선배를 만나고 나니 귀가 솔깃하다. 그런데 선배가 간과하고 있는 아주 중요한 점이 있다. 귀농에도 돈이 꼭 필요하다는 점이다.

이제는 귀농귀촌하는 사람들이 많아져서 일종의 트렌드를 형성하는 시대다. 예전에는 은퇴하고 소박한 전원생활을 즐기려는 노년층이 많았는데 지금은 30~40대에도 귀농하는 사람이 많아졌다. 경쟁이 치열한 도시보다는 상대적으로 여유로운 농촌이나 어촌에서 기회를 찾으려는 사람들이 늘어난 것이다.

참고로 귀농과 귀촌은 다르다. 시골에서 생활하는 것은 같지만 귀농은 농사일을 생업으로 하는 것이고, 귀촌은 다른 생업이 있거나 농사는 그저 소일거리 정도인 것이 차이다. 귀농이나 귀촌을 고민하는 사람이라면 지금과는 전혀 다른 생활환경에서 살아가야 한다는 점을 유념해야 한다. 도시와 다른 패턴으로 시간이 흘러가며 다른 생각을 가진 사람들과 만나며 생활해야 한다. 마치 해외로 이민 가는 것과 비슷하다. 지금 누리고 있는 생활과 귀농귀촌으로 누리게 될 생활을 철저히 현실적으로 예상하고 장단점을 비교해봐야 한다. 이민자들이 그 나라에서 적응하지 못하고 향수병을 앓듯이 귀농자들도 도시에 대한 향수에 시달리기 일쑤다. 귀농귀촌의 정착률이 30%를 넘지 못하고 있다. 성공보다는 실패하는 사람이 낳다는 점을 직시하고 제대로 준비해야 한다.

시골에서 조금 느리게 산다는 것

서울에 사는 55세 이창렬 씨는 젊은 직장인 시절부터 시골생활에 관심이 많았다. 직장에서 퇴직 후 시골생활을 계획하던 이 씨는 2년 전 회사에서 명예퇴직 신청을 받자 과감히 직장을 퇴사하고 귀촌을 결심했다. 반대가 심하던 부인을 설득해 서울에서 멀지 않은 양평에 주택을 구입해 귀촌생활을 시작했다. 부인과 이창렬 씨는 모두 외향적이고 사람들과 잘 어울리는 성격이어서 새로운 곳에서도 잘 적응하리라 생각했다. 이사 후 6개월 정도는 그런대로 문제가 없었다. 편의시설이 많지 않아 조금 답답한 건 있었지만 공기 좋고 여유로운 곳에서의 삶은 남편 이 씨에게 마음의 평화를 가져다줬다. 하지만 부인이 갑상선이 좋지 않아 병원 치료를 받으면서 불편함이 생기기 시작했다. 서울 강남에 있는 병원에 통원치료를 다녀올 때마다 힘들고 지친 부인의 불평이 쌓였다. 게다가 친지와 지인들을 자주 만나지 못하자 밝고 온순하던 부인이 우울증 증세를 보이기 시작했다. 부인이 주변 사람들과 어울리는 것도 쉽지 않아 보였다. 이러다간 부부 사이도 나빠지고 부인의 병이 더 악화될 것 같아 이씨 부부는 다시 서울로 돌아갈 것을 고민하고 있다.

귀농귀촌을 결정할 때 본인의 의욕이나 적성만 생각해서는 곤란하다. 배우자의 성향도 고려해서 부부 간의 충분한 협의가 전제돼야 한다. 조금은 불편할 수 있는 농촌생활을 부부 모두 진심으로 좋아해야 한다. 계획하는 지역의 사람들 성향과도 맞아야 하고 지역공동체에 친화적으로 다가설 수 있는 열린 마음도 가져야 한다. 새로 시작하는 만큼 낮은 자세로 조언을 귀담아들을 줄 알아야 하며 낯선 생활을 한동안 참아낼 인내도 필요하다. 세상살이의 대부분은 인간관계가 좌지우지한다. 농촌이라고 해서 자연만 상대하면 된다고 생각하면 오산이다.

또한 한 번 결정하면 창업과 마찬가지로 많은 비용이 들어간다. 농촌에 집도 사야 하고, 땅도 사야 한다. 땅을 사서 집을 새로 지을 수도 있고 기존에 있는 집을 헐고 새로 지을 수도 있는데, 집을 짓는데 들어가는 비용이 만만치 않다. 땅도 마찬가지다. 만약 시골생활에 적응하지 못하고 도시로 되돌아와야 한다면 이런 비용들이 창업과 마찬가지로 손실로 이어진다.

시골생활에 잘 적응하고 행복한 인생 후반기를 사는 사람들도 많다. 하지만 모든 건 상대적이다. 시골생활에 적응하지 못하는 사람들도 많다는 걸 인식하고 좋은 점보다는 나쁜 점을 더욱 신중히 고려해봐야 한다. 시골생활의 장점은 아름다운 자연 속에서 정신적·육체적으로 여유로운 삶을 살 수 있다는 점이다. 이로 인해 적응만 잘한다면 건강한 인생 후반기를 지낼 수 있다. 반면 병원, 마트, 영화관 등 각종 편의시설이 부족하다는 점은 단점이다. 또한 기존에 가깝게 지내던 친구나 지인은 물론이고 가족과 친척과의 관계가 느슨해지고 익숙했던 공동체 생활과 단절돼 정신적인 외로움에 직면할 수 있다.

특히 나이가 들어 가족들과 떨어져 살면 자녀는 물론이고 손주들을 자주 볼 수 없다는 난점이 있다. 친하게 지내던 사람들과의 관계 단절은 남자들보다 여자들에게 더 큰 충격을 주는 경우가 많다. 일반적으로 여자들이 주변 공동체 사람들과의 관계가 더욱 밀접하기 때문이다. 낯선 곳에서 낯선 사람들과 어울리지 못함으로 인한 정신적 피해가 부인들에게 더 클 수 있다는 점을 남편들이 우선적으로 배려해줘야 한다.

아무래도 시골에서의 생활은 도시 보다 느리게 흘러간다.

답답하게 여기지 말고 느리게 사는 여유를 즐긴다면 더 행복한 삶이 될 것이다.

실패를 줄이는 귀농귀촌 전략

귀농귀촌을 고려하는 중이라면 시간을 갖고 다양한 문제를 점검하기 바란다. 일단 결정하면 되돌리기 쉽지 않기 때문이다. 어느 곳으로 갈 것인지, 교통은 괜찮은지, 무엇을 할 것인지, 예산은 충분한지 따져보자. 고향이 시골이라면 부인과 시댁과의 관계를 고려한 후 귀향하는 것도 나쁘지 않다. 거꾸로 부인의 고향으로 갈 수도 있다. 고향 지인들에게 그곳의 정보를 미리 수집하기 편리하고 주변의 아는 사람과 익숙한 지리가 귀농생활 적응에 도움이 되기 때문이다.

가기로 결정했다면 예산 안에서 합리적인 투자가 이뤄져야 한다. 집과 농지 등 부동산 구입에는 더욱 신중하자. 특히 재산 전부를 투자하거나 무리하게 대출을 받아서 처음부터 많은 땅을 사고 큰 집을 짓지는 말자. 최악의 경우에 도시로 되돌아갈 수 있는 퇴로가 막힌다. 만약을 대비해 적어도 퇴로는 열어두는 전략이 필요하다. 작게 시작해서 적응이 어느 정도 됐다면 추가로 땅을 매입하고 주택을 확장하는 게 방법이다. 어려서 시골생활을 했다는 추억만으로 쉽게 생각하기에는 몸이 이미 도시생활에 익숙해져 있다는 걸 상기하자. 현지에 적응하고 지역주민들 사이에 스며들게 되면 처음 시작할 때보다 좋은 정보를 얻을 수 있고 좋은 조건으로 부동산을 구매할 수도 있을 것이다. 실제 생활하다보면 로망으로 시작한 생활이 현실에 부딪혀 힘들 수도 있다. 살면서 현지에서 더 편리하게 집을 개량하고 조금씩 현실에 맞게 일과를 꾸려가야 한다.

성공적인 정착을 위해 정부가 지원하는 귀농귀촌 프로그램을 잘 활용하면 비용과 노력을 줄일 수 있다. 귀농귀촌종합센터(www.returnfarm.com)가 대표적이다. 농림축산식품부에서 운용하며 귀농귀촌에 대한 종합적인 정보와 지원프로그램 등을 접할 수 있다. 전국 지지체별로 귀농귀촌 지원프로그램이 있으므로 자신이 가고 싶은 지자체의 프로그램을 이용하는 것이 현장감을 높일 수 있어서 좋다. 시간을 내서 원하는 지자체의 귀농귀촌센터를 직접 방문해 지원 내용을 확인하는 것도 좋은 방법이다.

귀농귀촌센터에서는 현장 실습과 교육 등 다양한 프로그램을 통해 현지 주택 구입 자금과 창업자금 등을 지원하고 있어 이를 이용하면 자금 부담도 줄이고 성공 확률도 높일 수 있다. 다양한 온오프라인 귀농귀촌 교육과정을 통해 사전 교육을 철저히 받는 것이 좋다. 이 센터에서 제공하는 귀농취촌 멘토제도를 이용하면 멘토에게 맞춤형 조언을 받을 수 있어서 반드시 활용하길 권한다. 농림축산식품부가 공모형식으로 지원하는 민간 오프라인 교육과정은 교육비의 상당 부분을 정부로부터 지원받을 수 있어 부담도 적고 내용도 충실하다. 귀농귀촌에 성공하려면 자본이나 영농기술은 물론이고 충분한 사전 교육과 정신적인 적응 등 굉장히 많은 노력이 필요하다는 걸 인식해야 한다. 이외에 자금에 대한 부분도 꼼꼼히 챙겨야 한다. 전 재산을 털어 시작하는 건 금물이다. 대출을 무리하게 받아서도 안 된다. 가급적 최소의 자금으로 시작하고 성공에 대한 믿음이 생길 때 자금 투자를 늘리는 것이 안전하다. 평소 자금 관리할 때도 비상금은 가장 먼저 챙겨야 하는 돈이다. 저축을 시작하기전에도 비상금을 미리 확보해놓아야 저축이 꾸준히 지속될 수 있다. 마찬가지로 귀농귀촌 자금계획을 짤 때도 최소 2~3년간은 아무 소득 없이 생활할 수 있는 여윳돈을 별도로 확보해야 한다. 살다 보면 늘 예기치 못한 자금이 발생한다는 점을 잊지 말자.

귀농귀촌은 새로운 삶을 시작하는 것이다. 사전 교육 등 철저한 준비를 해본 후에 최종적으로 귀농귀촌을 결정하는 전략이 필요하다. 하지만 가장 근본적인 물음에 스스로가 답을 할 수 있어야 귀농귀촌에 성공할 수 있다. 왜 귀농이나 귀촌을 하고 싶은지, 인생 후반기 삶의 목표와 가치를 귀농귀촌을 통해 얻을 수 있는지, 농촌을 사랑하고 농업을 좋아하고 적성에 맞는지, 배우자와 가족들도 행복하게 살 수 있는지 등을 가족과 상의하자. 그리고 이에 대해 자신 있게 답을 할 수 있을 때 귀농귀촌을 선택한다면 성공적인 선택이 될 것이라 믿는다.

• **스스로에게 던져봐야 할 질문** •

– 귀농귀촌을 통해 삶의 가치를 얻을 수 있는가?

– 나와 배우자는 농촌생활에 적합한 사람인가?

– 가족들, 특히 배우자의 동의와 공감이 있는가?

– 생활환경이 다른 곳에서 잘 적응할 수 있는가?

– 다른 생각과 다른 행동방식을 가진 사람들과 잘 어울릴 수 있는가?

– 당장 투자해야 할 돈이 무리라고 생각하지 않는가?

– 별도의 비상금과 추가 투자할 여유자금은 조달할 수 있는가?

– 기타 사전 준비는 잘해왔는가?

귀농귀촌은
인생이 걸린 중대한 결정이다.

12장

평생
월급 받는 방법

여보 미,미안...

어울리려면 대인배 같은 사람이랑 어울리라고!

아침부터 왜 또 그 인간 타령이야?

대인배. 같은 아파트에 살고 있는 주민으로 소위 꽃중년에 속한다.

매너좋고

마담-

건전하고

것 에스프레쏘...

술,담배X

여보!

사랑과 낭만이 있는 로맨틱가이...

한마디로 101동 남자들의 공공의 적이라고 할 수 있다.

인간미 없는 자식...

쯧...

그놈은 백수잖아!!! (나도 곧 그렇게 되겠지만..)

들어보면 빠지는 게 없어, 빠지는 게.

회사 퇴직했어도 연금이랑 이것저것 해서 한 달에 200씩은 꼬박꼬박 통장에 꽂힌다더라!!

히익-

特별한 일을 하지 않아도 월급이 들어온다면 어떤 인생을 살고 싶은가? 젊었을 때는 실컷 놀러 다니고 흥청망청 살 것이다. 그러나 나이 들고 나면 일도 인생에 있어서 소중한 일부분이라는 것을 안다. 돈을 연관 짓지 않더라도 하는 일이 없는 사람의 삶은 행복과는 거리가 멀다. 반대로 생계만을 위해 억지로 일하는 삶도 불행하다. 일정한 수입이 있어서 생계 걱정 없이 원하는 일을 마음껏 할 수 있는 삶은 우리에게 공상에 불과할까?

돈이 주는 행복 중 가장 큰 건 무엇일까? 아마도 하고 싶지 않은 일을 하지 않는 자유일 것이다. 돈으로 행복을 살 수는 없지만 선택의 자유를 준다는 점에서 돈은 적절히 있어야 한다. 돈이 필요한 이유가 또 있다. 돈이 장수에도 영향을 미치기 때문이다.

우리나라에서 100세 이상 인구가 가장 많은 곳은 어디일까? 김종인 원광대 장수과학연구소장(보건복지학부 교수)의 '100세 생존율 분석조사'에 의하면 경기도 의정부에 100세 이상 노인이 가장 많이 산다. 경기도 의정부 다음으로 부천, 성남, 안양, 고양, 평택, 용인 등의 순이었는데 주로 수도권에 집중됐다. 참고로 조사에서는 인구 이동이 잦은 서울, 부산 등 7대 도시는 제외했다고 한다.

재미있는 건 100세까지 장수하기 위해서는 운동, 식습관 등 개인적인 요인 외에 거주 지역의 인프라와 의료 시설, 그리고 경제 수준이 크게 영향을 미친다는 것이다. 의정부 등 장수지역의 특징은 경제활동 인구수가 인구 1,000명당 396명(전체 평균 90명, 2011년 기준)으로 많았고, 도로포장비율(해당 지역 92%, 전체 평균 75%)이나 상하수도 보급률(해당 지역 98%, 전체 평균 68%)이 높았다. 특히 가구당 월 최소 생활비가 평균 261만8,000원(전체 평균 203만 원, 2011년 기준)으로 상대적으로 훨씬 많았다.

건강하게 오래 살려면 돈도 있고 병원 가기 좋은 곳에서 살아야한다는 걸 알 수 있다. 돈이 하기 싫은 일을 하지 않을 자유를 준다는 표현은 다소 낭만적일 수 있다. 하지만 돈도 적절히 있고 건강 관리를 잘해야 장수할 수 있다는 건 낭만이 아닌 현실이다. 많은 돈은 아닐지라도 궁핍하지 않을 정도의 돈을 확보하는 게 중요한 이유다.

로또와 연금복권

돈이 중요하긴 한데, 인생 후반기로 갈수록 돈을 어떤 형태로 확보하느냐가 더욱 중요해진다. 다음 중 한 가지를 선택해야 한다면 당신은 어떤 걸 선택하겠는가? 복잡한 계산을 싫어하는 사람을 위해 세금은 없다고 가정한다.

선택 1. 일시금 로또 당청금 10억 원

선택 2. 매월 500만 원씩 20년간 받는 연금복권 당첨금

어느 걸 선택하느냐는 당연히 당신의 성향에 따라 달라진다. 이런 선택의 기회를 주면 어느 게 더 이득인지를 따지기 위해 많은 사람들이 계산기를 두드린다. '10억 원을 받아서 굴릴까?' '아니야, 안전하게 매월 500만 원씩 받자' '물가가 오르면 지금 500만 원은 20년 후에는 껌 값이 될 테니까 차라리 10억 원을 한꺼번에 받자' 등등 고민을 하게 된다. 참고로 연금복권을 선택한 후 연 2% 금리를 주는 적금에 가입해 매월 500만 원씩 20년간 저축하면 만기 때 14억 8,500만 원 정도를 받는다. 반면 일시금 로또 당첨금 10억 원을 연 2% 금리를 주는 예금에 맡기고 20년간 묻어두면 만기에 14억4,100만 원 정도를 찾을 수 있다. 어떤 선택을 하든 금리가 같다면 금전적인 득실의 차는 크지 않은 셈이다.

하지만 금전적인 득실을 떠나 당신이 이번 달 받은 월급으로 다음 달 월급날까지 버티지 못하고 있다면 계산기 두드리지 말고 미련 없이 연금복권을 선택해야 한다. 특히 금리가 낮아서 돈을 굴리기가 쉽지 않은 환경에서는 매월 예측 가능한 현금흐름이 아주 큰 힘을 발휘한다. 최근 저금리가 지속되면서 목돈을 쥐고 있는 것보다 매월 예측 가능한 현금을 선호하는 경향이 높아지고 있다. 전세가 빠르게 월세화되고 있는 것도 이런 현상을 반영한다.

그렇다면 매월 수입이 생기는 연금통장을 제대로 준비 못했다고 낙담해야 할까? 그럴 필요는 없다. 지금부터 가장 효율적인 방법을 찾으면 길이 보일 수 있기 때문이다. 올 부장이 부러워하는 이웃집 대인배가 되기 위해 가장 먼저 챙겨야 할 게 무엇일까? 앞서 국민연금과 퇴직연금, 그리고 개인연금 등 연금의 중요성과 활용법을 이야기했다. 이 중 가장 먼저 챙겨야 할 것은 국민연금이고 국민연금 수령액을 최대한 늘리는 방법을 찾는 것이다. 국민연금제도를 잘 이해하고 이를 잘 활용한다면 연금복권의 기초 공사를 닦을 수 있다. 나만의 연금복권 만들기의 실천편은 국민연금의 효율적 활용법에서 출발한다.

남들 몰래 준비하는 연금복권

주부 한명화 씨(52세)는 몇 년 남지 않은 남편의 정년을 앞두고 노후에 대한 고민이 많다. 지금까지 두 자녀 교육비로 인해 노후 준비를 제대로 못해왔기 때문이다. 남편은 국민연금에 가입돼 있고 월 95만 원씩 연금 수령이 예상된다. 하지만 이 금액으로 노후자금을 해결하기는 역부족이다. 다행히 큰 딸의 대학 졸업으로 자녀 학자금 부담이 줄어 이제는 월 40만~50만 원의 저축 여력이 생겼다. 한 씨는 이 돈으로 연금상품에 가입해 노후를 준비해볼까 고민 중이다.

한 씨의 경우라면 개인연금 가입에 앞서 국민연금부터 가입하는 게 좋다. 남편의 경우 직장에서 받는 급여 수준에 따라 자동적으로 국민연금 보험료가 정해진다. 반면 소득이 없는 한 씨의 경우 국민연금 임의가입제도를 통해 적절하게 보험료를 정할 수 있다. 2016년 현재 적용되는 임의가입 최소 금액은 월 8만9,100원이다.

국민연금 임의가입제도는 전업주부, 대학생, 군인 등 소득이 없어 국민연금 의무 가입 대상이 아닌 사람이 원할 경우 자발적으로 국민연금에 가입할 수 있는 제도다. 만 18세 이상 60세 미만이면서 사업장가입자(근로자)나 지역가입자가 아닌 경우에 이용할 수 있다.

한 씨는 지금이라도 국민연금에 가입해서 10년 이상을 불입하면 평생 연금을 받을 수 있다. 만약 최소 가입 금액인 8만9,100원을 10년 동안 불입하고 연금을 받는다면 물가를 감안한 현재 가치로 월 16만7,850원을 받을 수 있다. 낸 돈 대비 1.9배를 받는데 10년 동안 내고 평생 받는 것을 감안하면 정말 좋은 재테크가 되는 셈이다. 임의가입의 경우 월 최대 37만8,900원까지 불입할 수 있다. 하지만 낸 돈 대비 배율만 놓고 보면 연금보험료 기준 8만9,100원에서 15만300원 사이가 가장 효율이 높은 구간이다.

다음 표에서 보듯이 낸 돈이 많을수록 받는 돈은 늘어난다. 하지만 낸 돈 대비 배율은 금액이 적을수록 높은데 이는 국민연금이 소득이 낮은 계층에게 더 많은 혜택을 주는 사회적 보험의 기능을 하기 때문이다. 반면 가장 높은 연금보험료 구간인 37만8,900원을 내

| 국민연금 이용에도 황금룰이 있다! |

연금보험료	10년 불입 시 연금액	낸 돈 대비 받는 배율 (물가를 감안한 현재 가치 기준)
8만9,100원	16만7,850원	1.88배
10만1,700원	17만5,600원	1.72배
13만500원	19만3,300원	1.48배
15만300원	20만5,470원	1.37배
20만700원	23만6,440원	1.18배
37만8,900원	34만5,600원	0.91배

(2015년 최초 가입 시 기준, 소득대체율 변경으로 2028년까지 매년 1월에 금액이 조정됨)

면 이보다 적은 34만5,600원을 받아서 손해 보는 느낌이 들 수 있다. 하지만 10년을 내고 평생 연금을 받는다는 점과 매년 물가가 오르면 연금액을 올려주는 점을 감안하면 손해는 아닌 셈이다. 그렇더라도 임의가입은 원하는 보험료를 자유롭게 선택할 수 있기 때문에 낸 돈 대비 받는 배율을 따져보고 적절한 보험료를 선택하면 된다. 배율로만 따지면 월 보험료 8만9,100원이 좋게 보일 수 있지만 보험료가 높아지면 노후에 받는 연금수령액도 많아지는 점을 염두에 두자. 국민연금을 많이 받는 구체적인 방법과 국민연금에 부부가 동시 가입할 때 주의사항 등은 부록을 참조하자.

목돈이 있다면 즉시연금이나 월지급식펀드, 채권 등을 활용해서 매월 연금처럼 받을 수 있다. 특히 즉시연금의 경우 평생 연금을 받을 수 있어서 마음 편하게 월세 받듯이 연금을 받을 수 있다. 자세한 즉시연금 활용법은 부록에 담았다.

참고로 연금을 월 100만 원씩 받기 위해 필요한 목돈이 어느 정도인지 알아두는 것도 도움이 될 것이다. 단, 금리 상황에 따라 필요 금액이 달라진다.

| 월 100만 원씩 40년간 받기 위해 필요한 목돈 |

연 1%일 때 3억9,700만 원

연 2%일 때 3억3,100만 원

연 3%일 때 2억8,000만 원

연 5%일 때 2억800만 원

연 8%일 때 1억4,500만 원

(61세부터 100세까지, 물가 상승 미반영한 명목가치 기준)

오늘도 연금복권에 당첨될 꿈을 꾸고 있다면 그 돈으로 당첨이 확정된 국민연금복권에 조금 더 많이 넣는 건 어떨까?

장수하려면
궁핍하지 않을 정도의 연금이 필요하다

국민연금 많이 받는 방법

가입기간을 늘리는 것이 가장 중요하다. 국민연금은 기본적으로 더 내면 더 받는 구조다. 국민연금 지급액은 가입기간과 본인의 소득, 전체 가입자의 소득이라는 3개의 축에 의해서 결정된다. 이 중에서 연금수령액에 가장 많은 영향을 미치는 것이 가입기간이다.

가령 국민연금 보험료의 납부 총액이 같다면 가입기간이 길수록 연금수령액이 많아진다. 똑같은 금액의 보험료를 냈더라도 A씨는 20만 원씩 10년간 국민연금에 가입했고 B씨는 10만 원씩 20년간 가입했다면 오래 가입한 B씨의 연금수령액이 많다는 의미다. 이는 2가지 이유 때문이다. 첫째, 물가상승률이 반영된 재평가율이 적용돼 연금수령액이 증가하는 효과와 둘째, 소득이 적은 계층에게 더 많은 혜택이 돌아가는 국민연금의 소득재분배 기능 때문이다. 첫째 이유를 부연 설명하자면 가입 연도별 가입자들의 평균소득과 본인의 소득이 감안된 금액에 물가상승률을 반영한 재평가율이 적용돼 연금수령액이 증가하는 효과가 있다.

다시 말해, 소득이 적어서 연금보험료를 적게 내는 사람은 소득이 많은 사람보다 낸 돈 대비 받는 배율이 더 높다. A씨와 B씨는 낸 총액은 같지만 월 20만 원씩 짧게 낸 A씨보다 월 10만 원씩 길게 낸 B씨가 소득재분배 기능의 덕을 많이 보게 된다.

국민연금은 길게 낼수록 유리하기 때문에 소득이 일시적으로 끊겨서 보험료 납부가 유예된 경우에는 '추후 납부제도'를 이용해 과거의 공백 기간을 메우는 것이 좋다. 또한 주부나 대학생과 같이 공식적인 소득이 없어 의무가입 대상에서 제외된 경우에는 '임의가입제도'를 통해 가입기간을 늘리는 것이 노후에 연금수령액을 높이는 가장 좋은 방법이다. 특히 40~50대 주부들의 경우 최소 월 8만9,100원 이상으로 국민연금에 가입할 수 있으므로 적극적으로 활용해보길 권한다.

이 밖에 가입기간을 늘리는 방법을 몇 가지 더 소개한다.

:: 추후 납부제 ::

실직 등의 사유로 보험료를 납부할 수 없었던 기간(납부 예외기간)이 지나 다시 소득이 생겼을 때 납부 예외기간 동안 내지 않았던 보험료를 내면 그 기간도 국민연금 가입기간으로 인정받는 제도다.

:: 반납금제도 ::

1999년까지는 퇴직 후 가입자가 원하면 국민연금을 일시금으로 받을 수 있었다. 이렇게 과거에 받았던 일시금을 다시 국민연금공단에 반납하면 가입기간을 일시금 받기 전으로 복원할 수 있는데 이를 '반납금제도'라고 한다. 반납금제도를 활용해서 가입기간을 복원시키면 가입기간도 늘릴 수 있을 뿐 아니라 당시의 높았던 소득대체율을 적용받을 수 있어서 1석2조의 효과가 있다. 가령 1998년까지는 2016년 현재 소득대체율 46%보다 훨씬 높은 소득대체율 70%가 적용되기 때문에 같은 금액을 내더라도 훨씬 많은 연금을 수령할 수 있다. 단, 일시금으로 받았던 금액에다 소정의 이자를 가산해서 반환해야 한다. 그렇더라도 금전적인 여유가 있다면 반납금제도를 적극적으로 활용하는 것이 좋다. 한꺼번에 목돈으로 상환하기가 부담스럽다면 최대 2년간 분할 납부도 가능하다.

:: 미납금납부 ::

납부하지 못한 보험료를 납부해 기간을 늘릴 수 있다. 단, 미납된 보험료는 3년 내에 내야 인정이 된다. 미납금이란 소득이 있는 동안에 연금을 내지 못한 것을 의미하며 실직자가 돼 돈을 낼 형편이 안 돼 납부 예외기간을 인정받은 경우와는 다르다. 참고로 납부 예외기간 동안에 안 낸 보험료는 기간에 상관없이 언제든지 추후 납부제를 통해 보험료를 낼 수 있다.

:: 임의계속가입제도 ::

만 60세가 됐지만 원할 경우 가입기간을 늘릴 수 있는 제도다. 단, 임의계속가입은 만 65세까지만 신청이 가능하며 소득의 유무와 상관없다. 국민연금의 경우 10년 이상 불입해야 평생 연금으로 수령이 가능하기 때문에 불입기간이 10년이 안 된 경우 임의계속가입을 통해 가입기간을 늘리는 것이 좋다. 또한 불입기간이 10년을 초과한 경우라도 원할 경우 지속적으로 보험료를 낼 수가 있다.

13장

지금까지
보험에 헛돈 쓰셨습니다

수원 씨.

몸은 좀 어떠세요?

어머 곧은 씨. 고마워요. 오늘은 한결 가볍네요.

왔어?

얼마나 안 좋은 거야? 수술은 잘 끝났다면서.

뇌종양 4기래. 열심히 노력 중이야...

그럼 매일 나와서 이렇게 병간호하는 건가?

그렇지 뭐...

힘들겠군..

...사실

제일 힘든 건 돈이야.
이제와 없던 암보험
들 수도 없고.. 치료는
해야겠고 해서, 우선
집 담보로 대출을
받았지..

간병 때문에 회사도
휴직했는데, 어제
해고통지가 나왔더라구.

그렇다고 아내가 낫는다는
확실한 보장도 없고,
형편은 계속 어려워지고...
후... 막다른 길에 서 있는 기분이야.

애들은?

지네 살기
바쁘지 뭐.

얼마전에
애도 낳았고,
뭐...

사람 참 간사하지?
이런 상황에서도
돈 생각이 난다는 게
말이야.

...
자네는
별일 없나?

나야 뭐... 자네는 자네
걱정이나 하게.
...꼴이 이게 뭔가.

후줄근~

조금 넣었네.
자네 몸부터 챙기라고.
옆에서 간호하려면
우선 자네 건강부터
챙겨야지..

인생을 살다보면 여러 가지 리스크가 있다. 그중에서 건강만큼 큰 리스크도 없다. 우리는 이제 '건강을 잃으면 다 잃는다'는 교훈을 피부로 느낄 만한 나이다. 평소 운동으로 건강 관리해야 한다는 점을 잘 알면서도 실천하기가 쉽지 않다. 과도한 업무와 늘어만 가는 스트레스 속에서 운동보다는 술이나 담배로 정신을 달래기에 급급하다. 설사 건강에 자신 있다고 하더라도 교통사고와 같은 갑작스런 리스크가 언제든 생길 수 있다. 이외에도 우리를 불안하게 만드는 일은 여러 가지다. 우리는 이 불안함을 떨쳐보고자 보험이라는 상품에 가입한다.

우리는 왜 보험에 가입할까? 돈이 많다면 보험이 필요할까? 내가 갑자기 죽어도 남겨줄 자산이 많으면 가족들은 돈 걱정 없이 살 수 있다. 큰 병에 걸리더라도 재산이 많아 치료를 잘 받을 수 있다면 역시 보험이 필요하지 않다. 하지만 대부분은 가장이 갑자기 사망하거나 큰 병에 걸리면 경제적으로 어려움에 처하게 된다. 이에 대비해 우리는 보험에 가입한다. 그럴더라도 큰 병에 걸릴 가능성보다는 그렇지 않을 가능성이 높고 갑자기 죽을 확률보다는 건강하게 오래 살 가능성이 상대적으로 높다. 가능성이 낮은 사업에 많은 돈을 투자하겠는가? 보험은 언젠가 찾을 수 있는 적금과 다르다. 보험은 불안을 없애주는 비용이라고 생각해야 한다. 따라서 싸고 보장이 좋은 상품을 선택하는 것을 목표로 해야 한다.

보험료 많이 내면 많이 받을까

매월 5만 원씩 내는 순수보장형 암보험과 매월 10만 원씩 내면서 만기 때 낸 돈을 돌려받는 환급형 보험이 있다. 당신은 어떤 보험을 선택할까? 아마도 만기 때 원금을 돌려받는 환급형 보험을 선택할 가능성이 높다. 하지만 환급형에 가입하는 경우에는 비용 부담이 훨씬 커진다. 환급형 보험의 경우 보장성과 저축성이 결합된 상품이다. 예를 들어 10만 원짜리 암보험은 5만 원짜리 순수보장형 암보험과 5만 원짜리 저축성 보험이 결합된 상품이다. 이 보험에 가입한다면 순수보장형 암보험에도 사업비 등 비용을 내고 저축성 보험에도 비용을 내야 해서 가입자는 이중으로 비용을 부담한다. 이런 허점을 상기하고 환급형 보험에 대한 생각을 바꿔야 한다.

비싼 환급형 보험에 가입할 경우 단순 비용 부담의 증가 문제만이 아니라 만기까지 유지하기 힘들다는 문제도 있다. 대표적으로 종신보험의 경우 가입 10년 후 보험 유지 비율이 30% 정도다. 질병으로 고생할 확률은 나이가 들수록 높아진다. 나이가 많아질수록 보험을 잘 유지해야 하는 이유다. 그러나 실상은 정반대다. 젊어서는 보험을 여러 개 가입해 유지하다가도 나이를 먹을수록 보험료 부담이 커져서 해지하는 경우가 많다.

보험이 크게 필요치 않을 때는 열심히 많은 돈을 지불하다가 정작 필요한 때는 보험이 없는 셈이 된다. 이렇게 보험사 배만 불릴 계획이 아니라면 저렴한 보험을 이용해야 한다. 연령대별 필요한 보장이 달라지므로 본인 상황에 맞게 보험을 선택하자. 독신이나 전업주부의 경우는 사망보장보다는 의료비보장이 더 중요하다. 독신일 경우 비싼 종신보험이나 CI보험(중대질병보험)에 가입하기보다는 실손의료비보험을 선택하고 3대 질병(암, 뇌졸중, 심혈관질환)의 의료비보장 특약만 넣으면 싸게 보험을 이용할 수 있다.

보험 딱 하나만 남긴다면

만약 내고 있는 보험료가 많다면 그 이유는 사망보험금 때문이거나 환급형이기 때문이다. 종신보험의 경우 사망보험금과 관련된 보험료 비중이 전체 보험료의 50~85% 정도를 차지한다. 반대로 질병이나 사고와 관련된 보장을 받기 위한 보험료 비중은 절반 이하거나 30% 이하인 경우가 많다. 사망보장을 빼거나 최소화하면 보험료 부담을 낮출 수 있다. 질병을 집중적으로 보장하는 상품에 가입하면 보험료 부담이 굉장히 줄어든다. 독신이거나 자녀들이 다 커서 경제력이 있다면 사망보험금이 크게 필요하지 않을 수 있다.

나이가 들더라도 보험을 계속해서 유지할 수 있으려면 무엇보다 보험료 부담이 적어야 한다. 직장에서 한참 돈을 벌 때는 몇 십만 원에 달하는 보험료가 별 부담이 없다. 그러나 퇴직 후 연금으로 생활해야 하는 시점이 되면 돈 몇 만 원도 아쉬워진다. 전체 수입에서 꽤 많은 비중을 차지하는 고정비가 되기 때문에 당장 필요하지 않다고 판단하고 해지하기 쉽다.

병원비용은 걱정되는데 생활비용을 늘리기 위해 1개의 보험만 가입하고 유지하고 싶다면 어떻게 해야 할까? 실손의료비보험을 챙기면 된다. 병원 치료 시 환자가 내야 하는 치료비를 내주는 보험이므로 가입돼 있으면 아주 요긴하다. 기존 보험에서 실손의료비를 보장해주는 특약은 단 4가지이므로 기억하기 쉽다. 바로 질병입원의료비, 질병통원의료비, 상해입원의료비, 상해통원의료비다. 상품에 따라 입원의료비와 통원의료비 등 2개로 묶어서 구성되는 경우도 있다. 이외의 특약들은 추가로 가입한 특약일 뿐이고 실손의료비는 아니다. 다른 보험이 필요 없다면 '단독실손의료비보험' 상품에 가입하면 된다. 단독실손의료비보험 상품은 20~40대의 경우 1만 원대면 가입이 가능하고 50대의 경우라도 2만 원대면 가입이 가능하므로 보험료 부담이 적다. 다만 실손의료비보험에 가입하기 위해서는 건강 상태가 매우 중요하다. 쉽게 말해 크게 아프거나 다친 곳이 없어야 하고 치료를 위한 약을 먹고 있지 않아야 한다. 건강 상태가 좋을 때 미리 다른 보험에 앞서 실손의료비보험에 가입해놓아야 한다.

보험 리모델링, 미루다가 후회한다

A씨는 실손의료비 대신 사망보험금 1억 원, 암 특약 2,000만 원, 뇌출혈 특약 2,000만 원, 질병 특약 2,000만 원을 보장하는 종신보험에 가입했다. 매월 내는 보험료는 22만 원이다. B씨는 종신보험이 아닌 실손의료비보험에 A씨와 비슷한 특약(암 진단비 2,000만 원, 뇌졸중 진단비 2,000만 원)을 넣어 가입했다. 매월 내는 보험료는 8만 원이다.

이런 상태에서 A씨와 B씨가 암에 걸렸다면 보험금은 얼마나 달라질까? 암 특약으로 받는 일시금(암 진단비)은 2,000만 원으로 두 사람 모두 같다. 그러나 반복되는 수술과 입원 치료로 인해 많은 비용이 필요한 암의 특성상 A씨와 B씨가 받는 보장 내용은 천지 차이가 난다.

먼저 실손의료비보험에 가입한 B씨의 경우부터 살펴보자. B씨는 암 진단비와 함께 암 치료와 관련된 본인부담금(건강보험공단에서 지원하는 금액을 제외하고 환자가 부담하는 비용)을 보험사를 통해 지급받게 되므로 자기부담금 일부를 제외하면 치료비에 대한 부담이 없다. 실손의료비보험도 보상하는 치료비의 한도가 5,000만 원 정도로 정해져 있기는 하지만 그 한도 내에서라면 환자가 부담해야 하는 치료비는 거의 없다.

실손의료비보험에서 보장하는 질병입원의료비의 한도는 보통 5,000만 원(상품에 따라 한도는 다를 수 있음)인데 암이나 뇌혈관 질환의 치료비용은 이 한도를 훨씬 뛰어넘는 경우도 종종 발생한다. 조기에 발견된 경우가 아니라면 과다한 치료비 부담으로 인해 5,000만 원의 한도를 다 쓰게 된다. 그런데 실손의료비보험의 '질병입원의료비' 특약은 한도액을 다 쓰더라도 90일이나 180일의 경과기간이 지나면 다시 한도가 살아난다. 일단 퇴원했다가 90일이나 180일이 지나 다시 입원하는 한이 있더라도 실손의료비보험을 이용해서 치료비를 줄일 수 있는 방법이 있는 셈이다.

실손의료비보험에 가입한 B씨는 이런 방법을 써서라도 치료비를 해결할 수 있다. 만약 입원치료비가 가입 한도인 5,000만 원 이내라면 B씨는 실제 발생한 치료비 부담은 크지 않다. 실손의료비 특약 외에 암 진단비 특약에 가입해 있어서 진단비 2,000만 원은 생활비로도 쓸 수 있다.

반면 종신보험에 가입한 A씨는 암 진단비 외에는 입원일당으로 하루에 몇 만 원 정도만 지원을 받게 된다. 종신보험은 가입 시 정한 조건인 사망, 입원, 수술 등에 해당돼야만 보험금을 주기 때문이다. 반면 실손보험은 병원 치료비 중 환자가 부담해야 하는 실비를 보장해주므로 치료를 위한 검사비, 입원비, 밥값 등을 다 보험금으로 받는다. 조건에 해당돼야 보험금을 주는 종신보험이나 CI보험과 실제 발생한 치료비를 주는 실손의료비보험의 가장 큰 차이다.

암 진단비 등 별도의 특약 없이 실손의료비 특약만 있는 단독실손의료비보험에 가입했더라도 치료비에 대한 부담은 크지 않다. 질병이나 사고에 대비해 보험이 필요하다면 가장 우선적으로 실손의료비보험에 가입해야 하는 이유다.

그렇다고 실손의료비보험이 만능은 절대 아니다. 치과치료나 임신 관련 치료 등 일부 치료비 지원이 안 되는 항목도 있다. 또한 일정기간(1년, 3년, 혹은 5년)마다 보험료가 재산정되는 갱신형이어서 나이가 들수록 보험료 부담이 늘어나고 만기 때까지 보험료를 내야 하는 단점이 있다. 그렇더라도 아파서 병원 치료를 받는다면 확률적으로 보험 혜택을 받을 가능성이 큰 보험이 실손의료비보험이다. 불필요하게 여러 개 보험이 가입돼 있어 과감하게 보험을 정리해야 한다면 실손의료비보험만 남겨두면 최소한의 보장은 가지고 갈 수 있는 셈이다.

사표 쓰기 전에 보험부터 손을 보자

만약 건강상의 문제 등으로 실손의료비보험에 가입이 안 된다면 어떻게 해야 할까? 지푸라기라도 잡는 심정으로 상해보험이나 묻지도 따지지도 않는 보험에 가입해야 할까? 그렇게 하지 않는 것이 좋다. 보장 내용이 좋지도 않은 보험에 가입해서 매월 보험료를 내느니 차라리 그 돈으로 의료비 통장을 만든 다음 매월 저축하는 것이 낫다.

만일을 대비해 가입하는 것이 보험이다. 노후에 의료빈곤자로 전락하지 않으려면 최소한의 안전장치는 필요하다. 그러나 과도한 비용을 사용해서 대비하는 것 또한 바람직하지 않다. 나중에 연금만으로 생활해야 하는 시기에 대비해서 보험을 미리 재정비할 필요가 있다. 더 늦기 전에 자녀의 나이와 자신의 건강상태를 파악해서 최대한 빨리 저렴하고 좋은 방향으로 보험을 리모델링하자. 보험 리모델링의 핵심은 보험료를 최대한 낮추고 필요한 보험만 남겨두는 것이다. 리모델링은 가급적 퇴직하기 5년 전에 끝내는 게 가장 좋지만 최소한 퇴직하기 1~2년 전에는 완료해야 한다. 특히 갱신형 보험은 노후의 최대 부담거리가 될 수 있다. 실손의료비 특약은 모든 상품이 갱신형이어서 선택의 여지가 없다. 하지만 실손의료비 외의 다른 갱신형 특약이 있다면 해지하고 비갱신형으로 재가입하는 것도 고려해봐야 한다.

'걱정이 병이 된다'는 말이 있다. 운동이나 식습관 개선 등으로 건강 관리는 하지 않고 걱정만 하는 것은 의미가 없다. 건강검진을 미리미리 받고 큰 병을 예방하자. 우리나라의 건강보험제도는 다른 나라에 비해 잘돼 있다. 개인적인 보험이 없더라도 웬만한 병에는 대부분 지원이 이뤄진다. 암을 비롯한 중증치료에 대한 지원도 늘어나는 추세고 예전에 비해 본인부담금도 많이 줄었다.

보험료를 최소화하고
건강 관리와 예방 검진에
돈을 쓰는 게 현명한 방법이다

14장

혼자 살게 되는
위험

영수..

...힘내라.
이게 뭔 일이다냐.

고맙다.
밥 먹고 가.

아빠..

애 때문에 집에 잠깐
가봐야 할 것 같아요...
애가 아프다고 한 서방이
계속 전화하네요.

괜찮다, 괜찮아.
어서 가봐라.
시댁이랑 같이 사는데
어서 가야지.

금방 올게요.

가서 한 서방도
챙겨주고.

꼬질 꼬질

여긴 내가 있으니
걱정 말거라.

아무도 없는 집에 혼자 덩그러니 앉아 있자면 할 것도 없고, 너무 적막해서 내가 살아 있기는 한 건가 싶기도 하고.

둘 있는 자식들도 혹시 자기네 집으로 내가 들어올까 걱정하는 눈치더군.

아내가 절대 안 된대요.

시댁 눈치가...

휴~~ 이럴 줄 알았으면 취미도 갖고, 평소에 모임도 만들어놓고 하는 건데.

한세상 살다가기도 힘들구만.

· · ·

나는 그리된 지 오래됐는데...

자네도 지금부터 건강 관리 잘하고.. 가족들과 시간도 많이 보내고, 취미생활도 하라구.

집엔 원래 둘가 있는거 아냐?

서울 인구의 30% 정도가 1인 가구인 시대다. 혼자 사는 생활이 트렌드가 되는 시대다. 하지만 나이 들어서 혼자 살고 싶은 사람은 없다. 자식과 함께 살지 않더라도 오붓하게 부부가 오래 살기를 꿈꾼다. 그러나 어쩔 수 없이 혼자 살게 되는 사람이 생기기 마련이다. 사고나 병으로 배우자와 사별하기도 하고 뒤늦은 나이에 이혼하기도 한다. 이런 일은 찾아보면 주위에 한두 명은 겪고 있을 만한 나이다.

　상담이나 강의를 하다보면 노후를 이야기하게 된다. 노후를 이야기할 때 과거에는 돈에 대한 이야기가 주를 이뤘다. 하지만 요즘은 건강, 일자리가 노후 주제의 매우 중요한 몫을 차지한다. 그래도 여전히 돈은 노후를 위한 핵심 주제다. 돈만 있다고 행복한 노후가 보장되지는 않지만 돈이 없다면 노후는 매우 비참해진다. 따라서 어떻게 노후자금을 마련해야 하고, 어떤 연금상품이 좋고, 목돈이 있다면 노후를 위해 어떻게 불려나가야 하는지에 대한 이야기는 모두의 관심사다. 그런데 이에 대한 관심도는 남녀 사이에 큰 차이가 있다. 여자들은 노후 이야기가 나오면 눈을 반짝이고 열심히 듣고 질문도 많이 한다. 그런 모습에서 노후에 대한 절실함이 느껴진다.

반면 남자들은 그렇지 않다. 상대적으로 노후를 크게 걱정하지 않는 듯 보인다. 당장 눈앞에 펼쳐져 있는 회사일이나 비즈니스만 머리에 꽉 차 있고 노후 준비는 나중에 생각해도 되는 일로 미뤄놓는다. 눈앞에 닥친 일만 하면서 노후는 저절로 해결될 것이라 생각하는 것은 오만이다. 열심히 직장생활을 하거나 생계에서 살아남아 돈만 벌어다주면 노후에 아내와 자식이 자신을 무시하지 못할 것이라는 막연한 자신감과 보상심리가 존재한다. 하지만 아내와 자녀의 생각은 다르다. 아내는 그동안 남편을 열심히 뒷바라지해줬으니까 노후만큼은 자유롭게 지내고 싶다. 자녀들은 취업하기도 힘들다보니 최대한 부모 곁에 눌러 있으면서 도움을 받고 싶다. 모두 동상이몽이다. 이보다 더 심각한 문제도 있다. 가족이 노후에도 언제까지 오래 함께 있을 것이라는 보장이 있을까?

누구나 결국은 독신이 된다

우리의 평균수명은 81.8세지만 남자 78.5세, 여자 85.1세(2013년 기준)로 여자가 남자보다 6년 이상 더 오래 산다. 평균수명은 여자가 더 길지만 결혼한 경우 남편 나이가 일반적으로 서너 살 정도 많다. 따라서 결혼한 여자라면 남편보다 10년 정도 홀로 더 살 각오로 노후 준비를 해야 한다. 또한 이는 평균에 근거한 이야기일 뿐 예외적인 일은 종종 발생한다. 아내가 먼저 사망하거나 황혼이혼 등으로 노후에 홀로 남는 남자들이 늘고 있다. 남자들도 독신으로 남게 될 가능성에 대해 냉정히 생각해봐야 한다. 그리고 만일에 대비해 여자보다 더 철저히 독신으로 살 수 있는 노후에 대비해야 한다. 왜 그럴까?

홀로 남은 남자들의 노후는 독신 여자에 비해 훨씬 불행할 가능성이 높기 때문이다. 가사 능력도 없고, 노후에 같이 지낼 주변 친구도 여자들보다 적고 생활력도 약하다. 여기다 돈마저 없다면 삶은 더 고달파진다. 홀로 남게 될 경우 노후를 어떻게 보낼지에 대해서 현실적으로 고민해봐야 한다. 이런 고민은 남녀 모두에게 필요하지만 특히 남자들에게 더 절실하고 중요하다. 만약 남편이 홀로 남게 될 경우가 걱정된다면 아내들도 이런 문제를 남편과 함께 터놓고 이야기해볼 필요가 있다.

여자들의 경우는 건강도 챙겨야 하지만 경제적인 대비책도 확실히 해둬야 한다. 평소 돈 관리를 하고 있다면 모르겠지만 아니라면 지금부터라도 자산과 부채현황을 확인하고 정기적으로 변동 상황을 점검해보자. 만약 집이나 재산 등이 남편 명의로 치우쳐 있다면 공동명의로 조금씩 바꿔놓아 만일에 대비하는 것이 안전하다. 특히 홀로 남게 될 경우 노후에 매월 어느 정도의 연금을 확보할 수 있는지 파악하는 것은 필수다.

이를 위해 본인과 남편의 국민연금 가입 현황을 확인해 노후 예상

연금을 파악하자. 국민연금의 경우 이혼 시와 사망 시의 연금수령액이 달라진다. 이혼 시에는 배우자와 연금을 분할하게 돼 있다. 사망 시에는 자신의 국민연금을 수령하고 유족연금의 20%를 받는 방법과 유족연금 중 자신에게 유리한 연금을 선택하는 방법이 있다.

배우자가 개인연금이나 퇴직연금에 가입해 있다면 법적인 지분만큼 분할이 가능하므로 필요 시 변호사 등 법률사무소의 도움을 받는 것이 좋다. 이런 일이 발생하지 않더라도 미리 연금 수령 예상금액을 알아두면 노후 준비에 많은 도움이 된다.

혼자 사는 충격을 견뎌내자

문제 상황이 발생했을 때 우리는 그 스트레스를 얼마나 잘 견딜까? 금융권에서는 스트레스 테스트(Stress Test)를 활용해 충격측정실험을 한다. 2008년 금융위기 때 은행 등 금융회사의 생존능력을 확인하기 위해 도입됐다. 예외적이지만 실현 가능성이 있는 최악의 사건이 발생할 경우 회사가 생존할 수 있는지 안정성을 평가하는 것이다.

마찬가지로 배우자가 사망하거나 이혼해서 혼자 남는 상황이 발생했을 때, 이런 최악의 스트레스 상황에서 얼마나 잘 견딜 수 있는지 가늠해보는 일이 중요하다.

우리는 과거와는 다른 세상을 살고 있다. 노후 역시 과거의 관점으로 안이하게 준비해서는 안 된다. 생각보다 훨씬 더 오래 살 수 있는 상황에 대비해야 한다. 특히 배우자 사망 후에 홀로 오랜 기간 노후를 보낼 수 있다고 가정해볼 필요가 있다. 이에 대비해 건강을 가장 먼저 챙겨야 한다. 건강해야 일도 할 수 있고 노후 생활비도 덜 든다. 건강을 잃으면 돈이 있어도 쓸 수가 없고, 돈마저 없다면 더욱 힘들어진다.

별 생각 없이 부부가 함께 노후를 보낼 것으로 생각하다 홀로 노후를 맞으면 불행해질 수 있다. 행복한 노후는 돈, 건강, 일, 원만한 가족관계 등 다양한 요소들이 복합적으로 작용해 이뤄진다. 갑자기 혼자가 되는 것에 대한 준비는 유언장을 미리 써보는 것처럼 중요하다. 늦기 전에 차근차근 준비해나가는 것이 노후 준비의 핵심이다. 노후는 벼락치기로 합격할 수 있는 종목이 아니다.

〈스트레스 테스트〉

• 건강

1) 나의 건강 상태는 양호한가?

2) 크게 돈 들어가지 않고 건강을 유지할 수 있나?

3) 건강검진은 정기적으로 받고 있나?

4) 매일 걷기 운동이라도 꾸준히 하고 있나?

- 생존능력

5) 시간 가는 줄 모르고 재미있게 할 수 있는 일이 있나?

6) 남들보다 잘하는 일이 있는가?

7) 일과 삶에 대한 열정이 아직 뜨거운가?

8) 은퇴 후에 할 일이 있는가?

- 가사능력

9) 혼자서 밥하고 빨래를 할 줄 아는가?

10) 혼자 집에 있을 때 불편하지 않나?

- 대인관계

11) 이웃들을 잘 알고 있고 그들이 어떤 일을 하는지 정도는 아는가?

12) 부담 없이 집에 초대할 수 있는 지인이나 친구가 있는가?

13) 언제든지 만나서 걱정을 이야기할 수 있는 사람이 있는가?

14) 새로운 사람과 잘 어울리는 성격인가?

15) 나를 필요로 하는 사람이나 나를 불러주는 곳이 있나?

16) 젊은이들과 잔소리가 아닌 대화를 할 수 있는가?

- 재정적인 면

17) 남한테 아쉬운 소리 안 하고 지낼 만한 최소한의 연금통장이 있나?

18) 간병 자금에 대한 준비는 돼 있나?

앞의 문제 중 10개 이상 '그렇다'라는 답을 할 수 없다면 지금부터 긴장감을 갖고 자신을 바꾸는 노력을 해야 한다. 요리를 배우고, 사람들과 편하게 대화하는 방법을 익혀야 한다. 이웃들과 지금부터 밝게 인사하고 그들에게 관심을 갖기 시작하자. 젊은이들과 소통하는 능력을 갖는 것도 건강하게 오래 사는 데 매우 중요하다. 그들이 어떤 걸 좋아하는지 관심을 갖고 소통할 수 있도록 노력해야 한다. 이를 위해 자식들과 편하게 대화하는 것부터 시작해야 한다. 잔소리가 아닌 관심과 대화가 이어져야 진정한 소통이다. 내 자신이 그들에게 관심을 갖지 않는 한 그들도 나에게 관심을 갖지 않는다.

언제든 혼자 살 수 있다 생각하고 대비하자.
평화를 지키려면 늘 전쟁에 대비해야 한다

15장

함께 사는 것이
꼭 좋은 건 아니다

| 회사를 그만둬도 돈 걱정 없는 인생

한잔
따라봐

세상 일 참 알 수가 없지?
여태껏 자식 새끼들 뒷바라지
하면서 이러고 살아왔는데...

...와이프가
이혼하자는군.

이혼이라니?
기러기 생활을 오래하긴
했어도, 둘 사이는 괜찮지
않았나.

바람 났어요?

뭐.. 그쪽 나라에 남자가
있는 것 같긴 한데...
내가 뭐 알 수가 있나.

흠흠

한국에서 뼈빠지게 일해다
돈 바쳐, 청춘 바쳤더니,
뭐? 이혼? 그것도 바람??
인간이 할 짓이야??

사실상 몸 멀어지고
마음 멀어지고...
부부 아닌 지는
꽤 됐지.

물과 공기처럼 우리가 당연하게 생각하면서 사는 것들이 있다. 오랫동안 직장생활을 하다보면 매달 월급이 당연하게 나올 거라 생각한다. 회사의 경영악화나 퇴직 등의 변수를 잊고 산다. 그리고 당연히 그 자리에 있을 거라는 생각으로 인생에서 가장 중요한 사람을 챙기지 못하는 경우가 많다. 바로 배우자다.

현재 평균수명이 82세라고 해서 이 정도 대비하겠다는 생각으로 살면 큰 코 다친다. 가장 많이 사망하는 나이를 의미하는 '다빈도사망연령'은 2020년에 90세를 넘어설 것으로 보인다. 실제적으로 100세가 가까워져야 일생을 마감하게 되는 것이다. 만약 50세에 은퇴하면 나머지 50년의 계획이 필요한 것이다.

돈 관리, 건강 관리, 경력 관리 등 이제까지의 모든 것을 리셋하고 다시 시작할 각오를 다져야 한다. 여기에는 배우자와의 관계 재정립도 포함된다. 나이 들수록 배우자와의 원만한 관계는 매우 중요해진다. 젊었을 때에 비해 함께 지내는 시간은 많아지는데 그 시간이 즐겁지 않다면 인생이 불행해지기 때문이다.

고통스러운 동거보다는 외로운 자유가 낫다

60대 초반 박현화 씨(가명)는 요즘 우울증과 건강 악화로 힘든 시간을 보내고 있다. 오랜 기간 남편으로 인해 마음이 고통을 받았기 때문이다. 체념하고 살기로 마음먹고 여태껏 버텨왔지만 더 이상 이런 상태로 사는 게 힘들 정도로 감정이 극에 달했다. 박 씨는 젊었을 때부터 남편의 바람기와 노름 때문에 마음고생을 많이 했다. 부부가 함께 장사를 하는데 남편은 그녀 몰래 틈틈이 뒷주머니를 만들었다. 그 돈으로 다른 여자들을 종종 만나왔다. 그녀에겐 결혼한 큰아들과 30대 미혼인 둘째 아들이 있다. 문제는 자녀들이 그녀를 이해하기는커녕 그녀에게 "웬만하면 엄마가 참고 지내라"는 말만 한다. 아들들은 어머니가 오랜 기간 가슴속 깊이 담고 있던 이런 고통을 이해하기보다는 어머니가 힘들더라도 가정을 지켜야 한다고 생각한다. 자식들의 이런 태도가 그녀를 더욱 힘들게 한다.

그녀는 막내아들이 결혼할 때까지는 참으려고 했다. 하지만 아들이 언제 결혼할지도 모르고, 이제는 더 이상 참기 힘든 상황이다. 마음의 병이 커졌고 건망증이 심해지는 등 정신적인 피해가 너무 극심하다. 스트레스로 인해 몸도 허약해지고 뼈마디도 약해졌다.

이런 경우 어떻게 해야 할까? 체념하고 사는 것만이 정답은 아니다. 관계 개선의 여지가 없다면 더 늦기 전에 자신만의 행복한 삶을 사는 게 나을 수 있다. 박 씨의 경우 30년 넘게 마음고생을 했고 그나마 현재 살고 있는 집도 그녀가 아니었다면 지키기 힘들었다고 한다. 여러 정황상 자식들을 위해 그녀의 삶을 희생하는 건 바람직해 보이지 않는다. 남편이 변할 조짐이 없는 상태에서 앞으로도 길게 남은 생을 생각하면 그녀에게 남편과의 결혼생활은 너무나 큰 고통이다.

이처럼 지금까지는 일반적으로 남편의 외도나 폭력 등으로 고통받아온 여성들이 자식들이 장성한 후에 이혼을 요구하는 경우가 많았다. 이와 반대로 최근에는 남성들이 나이 들어서 이혼을 요구하는 경우도 종종 있다. 퇴직 후 가족에게서 받는 소외감을 참지 못하거나 가족에 대한 책임감에서 벗어나 자유롭게 홀로 인생을 살고 싶은 욕구가 분출되고 있다.

만약 이혼을 하게 된다면 그나마 가진 재산은 반토막이 된다. 넉넉하게 노후를 준비했건, 아니건 커다란 타격이 될 수밖에 없다. 겉으로 서로 말을 하지 않아서 그렇지 이래저래 참고 사는 부부들이 많다.

노후를 대비해 돈과 건강을 챙기고 있다고 해서 자신하지 말자. 정말 중요한 것은 가족과 배우자다. 서로의 고민을 헤아리고 더 행복하게 살 방법을 찾아보는 노력이 절대적으로 필요하다.

배우자의 속마음을 헤아려보자

"아내에게 잘하셔야 노후가 행복합니다!"

노후 준비 강의 때 수강생들에게 자주 하는 말이다. 그러나 수강생들은 이 말을 좀처럼 체감하지 못한다.

"부부 사이가 좋지 않아 이혼을 하게 되면 노후 때 받는 연금을 아내와 나눠야 하기 때문입니다."

이렇게 말하면 졸고 있던 사람들도 눈을 번쩍 뜨고 갑자기 강의에 집중한다. 남자들이 이런 점에 있어서 너무 무사태평이었기 때문이다. 일본 여성들은 평소에 남편에게 불만이 많아 이혼하고 싶어도 남편이 연금을 받을 때까지 참는다고 한다. 그러다 연금을 받기 시작하면 바로 이혼을 신청하는 사례들이 많아서 남편들이 봉변을 많이 당한다. 그런 다음 뒤늦게 땅을 치고 후회하기 마련이다. 고령화에 있어 일본의 뒤를 따르고 있는 우리나라도 이런 점에 유의해서 노후 준비를 해야 한다. 가슴속에 불만을 가지고 있어도 연금 받을 때까지 속마음을 드러내지 않고 있는 부인들이 의외로 많을 수 있기 때문이다.

오래 함께했다고 해서 남은 인생도 반드시 함께 살아야 한다고 생각하는가? 서로의 입장과 생각이 다를 수도 있다. 이 점을 인정하지 않는다면 서로 불행한 생활을 언제까지 계속할지도 모른다. 경우에 따라서는 부부가 아닌 친구처럼 동반자로 살아가는 사람들도 있다. 지금부터 하는 말은 이혼을 권하려는 의도가 아니라 행복을 권하려는 의도라는 점을 알기 바란다.

만약 상대방이 절대로 바뀔 것 같지 않고 자신도 상대방을 이해할 수 없다면 어떻게 하는 것이 좋을까? 서로 상대방으로부터 자유로워져서 혼자만의 행복한 삶을 사는 게 나을 수 있다. 우리 앞에 놓여 있는 인생 후반기가 너무 길 수 있기 때문이다. 그리고 이를 위해 이혼을 결정하는 부부들이 늘어날 것으로 보인다.

일반적으로 경제주도권을 어느 한쪽이 쥐고 있는 경우가 많다. 이럴수록 평소에 부부 모두가 자신들의 자산과 부채 현황을 잘 파악해놓을 필요가 있다. 사례의 박 씨 남편은 평소에 자산을 조금씩 빼돌렸다. 이런 상황에서는 이혼을 하더라도 부인에게 돌아갈 재산은 줄어들게 마련이다. 평소에 집을 공동명의로 해놓거나 금융자산도 남편과 아내가 적절하게 분산해서 관리하는 게 좋다. 부부 사이에는 세금 없이 6억 원까지 증여가 가능하다. 따라서 아파트나 주택이 있으면 6억 원 이내에서 공동명의로 하는 게 최악의 경우를 대비하는 길이다. 단, 배우자 한 명의 소유에서 공동 소유로 바꿀 때는 취득록세가 발생한다.

금융자산도 마찬가지다. 이혼을 하게 되면 재산 분할에 대해 배우자가 법적으로 보장을 받을 수 있다. 하지만 법원의 결정이 모든 부부에게 공평하게 적용되지 못할 수 있고, 시간과 비용에 대한 부담도 발생하게 된다. 따라서 맞벌이든, 외벌이든 적금이나 예금 또는 펀드 등 금융상품이 있다면 평소에 적절하게 명의를 분산해놓는 것이 좋다.

하지만 나이가 들어서 하는 이혼은 재산상 부부 모두에게 바람직하지 않다. 함께 노후를 보내야 할 재산을 나눔으로 인해 경제적인 빈곤에 빠질 가능성이 높아진다. 최악의 경우에 이르기 전에 마음을 터놓고 서로를 배려하면서 관계를 회복하는 것이 최선이다. 노후 준비를 젊었을 때부터 미리 해야 하듯이 이혼이 발생할 여지가 보인다면 미리 감지하고 예방해야 한다. 이혼을 결심하기 전에 이혼 후 발생할 경제적·정신적인 후유증을 냉철히 따져보고 부부가 지혜롭게 문제를 풀어나가야 한다.

연금은 부부 각방으로

연금상품이 남편이나 부인 명의로 치우쳐 있거나 한쪽 명의로 다 돼 있는 상태에서 이혼을 하게 되면 어떻게 될까?

국민연금과 같이 공적연금이나 퇴직금(퇴직연금포함)은 이혼 시 분할이 가능하다. 국민연금의 경우 혼인 기간이 5년 이상인 경우에 한하며 배우자가 이혼한 후 60세가 되면 일정 금액을 받을 수 있다. 단, 60세가 되기 전에 배우자가 사망하면 받을 수 없다는 점에 주의해야 하고 분할 자격이 생긴 후 3년 이내 청구해야 한다.

공무원연금이나 국민연금, 퇴직연금의 경우 35~50%사이에서 구체적인 사정에 따라 다르게 인정된다. 개인연금의 경우는 통상적으로 해약환급금이나 시가 등을 기준으로 분할한다. 이와 관련된 자세한 사항은 이혼 전문 변호사나 법률사무소를 통해 확인하는 것이 정확하다.

최악에 대비하되 예방이 우선이다

· 16장 ·

부모의 재혼에 대한
자식들의 마음

아부지. 결혼을 꼭
해야 돼요?
그냥 연애만 하시면
안 돼요?

너까정 그런 얘기하려면
썩 꺼지라!!

생각해 보시랑게?

딱 봐도 아부지보담 한참 아랜데,
나중에 아버지 돌아가시고 나서
어쩔건데? 우리가 새 엄니라고
모셔야 한다요?

그래도...

옥분 씨는 내가
지켜주고 싶었다...

우리 부모님의 세대들은 인생계획을 대략 60세에 맞추고 설계했다. 20대에 결혼해 자녀를 낳고 생활하다 60세가 되면 환갑잔치를 하고 손주들의 재롱을 보는 낙으로 살았다. 이후는 여생으로 여겼다. 수명이 길지 않던 시절이어서 부부생활은 30여 년 정도로 자녀들 키우고 나면 끝이었다. 30년도 매우 긴 세월이지만 부부가 서로에게 의지하며 살다보면 금방 지나간다고 부모님들은 말씀하셨다. 결혼은 당연히 한 번만 하는 것이었다.

　　세상은 너무 빨리 변해왔고 지금도 빨리 변하고 있다. 우리나라의 100세 이상 노인은 1만5,827명(2015년 8월 말 현재)이다. 2010년에 1,836명이었던 것에 비하면 불과 5년 만에 8.6배가 늘어났다. 앞으로 이런 추세는 더욱 가속화될 것으로 전망된다.

　　100세까지 사는 게 보편화된다면 결혼에 대한 생각도 바뀔 수 있다. 30세에 결혼한다면 한 배우자와 70년을 살아야 한다. 70년을 이야기하면 너무 길게 느껴진다. 결혼을 아예 50세쯤에 늦게 하면 결혼 전 50년 동안은 자유롭게 살 수 있다. 그렇다고 해서 50세에 결혼하는 건 너무 늦다. 결혼을 하되 너무 오래 사는 위험에 대비하고 싶다면 사람들은 어떤 선택을 할 수 있을까?

한 사람과 평생 결혼해서 사는 걸 애초에 포기하는 사람이 늘어날 수 있다. 첫 번째 결혼할 때 기간을 정하는 것이다. 20대 혹은 30대에 결혼해서 60세까지 살다가 괜찮으면 연장해서 살고 그렇지 않으면 깨끗하게 갈라서면 된다. 이런 가능성에 대비해 첫 번째 결혼식 때 혼인계약서와 함께 결혼연장계약서를 동시에 교환하게 될 수도 있다. 결혼연장계약서에는 60세가 돼 결혼을 연장할지, 말지에 대한 내용이 담겨져 있는 것이다.

이런 시대가 올지는 모르지만 우리는 이미 이혼과 재혼에 조금씩 관대해지고 있다. 평균수명이 늘어나 오래 살수록 60세가 넘어 재혼하는 황혼결혼은 늘어날 수밖에 없다. 그런데 젊어서 결혼하는 초혼과 나이가 들어 자녀가 있는 상태에서 하는 재혼은 많은 차이가 있다. 젊어서 결혼할 때는 부모님의 의견이 매우 중요하다. 반면 나이가 들어 결혼을 한다면 이때는 자녀들의 의견이 매우 중요해진다. 그렇다면 자녀들은 혼자 사는 부모의 재혼에 대해 어떤 생각을 할까?

부모님의 연애는 찬성, 재혼은 반대

결혼정보회사인 듀오가 2014년 8월, 20~30대 미혼남녀들을 대상으로 '이혼한 부모님의 연애와 재혼'에 관해 조사한 결과를 공개했다. 조사결과에 따르면 20~30대 미혼자녀들의 61.8%는 이혼한 부모님이 새로운 이성과 연애를 즐기는 것에는 찬성했다. 참고로 반대는 13.8%, '부모님 결정에 따르겠다'는 24.4%다. 하지만 연애가 아닌 부모님의 재혼에 대해서는 부정적인 응답이 59.5%로 가장 많았고, '부모님의 결정에 따르겠다'는 35.4%, '찬성한다'는 5.2%에 불과했다.

부모님의 재혼에 반대하는 가장 큰 이유로는 재산 상속 등의 문제로 가족 간 불화가 생길 수 있어서(31.6%)가 가장 컸다. 반면 재혼을 찬성하는 이유로는 '부모님의 부양 부담을 덜 수 있어서(45.0%)'가 가장 컸다. 그렇다면 설문결과가 시사하는 바는 무엇일까? 자녀들은 자신들에게 불리하면 반대(재산상의 이유)하고 유리하면 찬성(부모님 부양 부담 덜 수 있음)하는 이중적인 모습을 보여주고 있다는 점이다. 부모 입장에서는 자녀들의 이런 태도가 아쉽게 느껴질 수 있다. 하지만 이게 현실이라는 걸 인정해야 한다.

배우자 없이 혼자 사는 부모라면 이런 자녀들의 속마음을 냉정하게 꿰뚫어보고 지혜롭게 대응해야 한다. 증여는 최대한 천천히 해서 노후에도 경제적인 주도권을 쥐고, 건강 관리를 잘해 자녀들에게 짐이 되지 않도록 노력하는 것이다. 그리고 새로운 사람을 만나 좋은 감정이 생기더라도 연애와 결혼은 다르다는 걸 분명히 해야 한다. 연애는 부담 없이 할 수 있고 나중에 아니다 싶으면 헤어지면 그만이다. 하지만 결혼은 다르다. 한 번 하고 나면 되돌리기 어렵고 하더라도 후유증이 매우 크다. 특히 재산에 대한 문제로 갈등이 생기고 자녀와의 관계도 나빠질 수 있다. 결국 연애는 자유롭게 하되 결혼은 신중하게 결정하는 것이 최선이다.

부모는 자녀를 존중하고 자녀는 부모를 이해하자

재산 상속에 대한 문제를 떠나 자녀 입장에서는 부모님이 연애나 재혼을 할 때 발생하는 장단점을 모두 생각한다. 자녀들이 생각하는 장점으로는 부모님의 삶에 활력을 줄 수 있다는 점과 자신들의 부양 부담을 덜 수 있다는 점 등을 들 수 있다. 반면 단점으로는 부모님이 꽃뱀이나 제비 등 혼인을 빙자한 사기를 당할 수도 있고 새로운 이성을 만나 가족에게 소홀해질 가능성 등을 염두에 두게 된다. 젊었을 때 부모로부터 결혼 승낙을 받든, 나이가 들어 황혼 결혼을 하든, 둘 다 가족의 의견을 존중해서 결정해야 하는 어려운 문제다.

부모 입장에서는 자신들의 상속 재산이 줄어들 것에 대한 우려로 결혼을 반대하는 자녀들의 태도가 괘씸하게 느껴질 수 있다. 나이 들어 새로운 배우자를 만나 행복하게 살 권리를 간섭받는 게 좋을 리가 없다. 자식들은 자신들이 결혼할 때는 돈보다 사람이 중요하다며 진정한 사랑을 외친다. 이러던 자식들이 부모의 재혼은 진정한 사랑으로 보지 않는 것 역시 부모 입장에서는 서운할 수 있다. 더군다나 재혼 후에도 20~30년은 건강하게 오래살 수 있을 것 같은데 상속에 대한 이야기부터 고민하는 자식들과의 사이가 멀어지는 상황이 발생할 수 있다. 하지만 현실을 받아들이고 자녀나 부모 모두 현명하게 대응하는 게 바람직하다. 부모가 건강하고 힘이 있을 때는 자식들은 잠잠하게 지낸다. 그러다가 부모의 건강이 약해지고 요양병원이라도 가야 할 상태로 상황이 악화되면 자식들의 목소리는 커지게 마련이고 상속에 대한 문제로 가정 내 불화가 시작되는 경우가 많다.

늦은 나이 재혼을 위한 현실적인 방법들

이런저런 꼴 보기 싫고, 자식들의 눈치가 보여 혼인신고는 안 하고 사실혼 관계로 사는 경우도 많다. 재산 분쟁이 싫어 법적으로 얽매이지 않고 애인이나 친구처럼 살기를 선택하는 것이다. 하지만 이 역시 불편한 점이 발생할 수 있다. 예를 들어 노후에 건강이 나빠져 병원에 갈 경우 법적 배우자가 아니면 의료 동의서에 서명이 불가능하다. 또한 부모의 건강이 악화되면 자녀들의 머리는 부모의 건강 걱정과 동시에 재산 상속에 대한 문제로 가득 차게 되고 이때부터 사실혼 관계에 있는 배우자를 바라보는 시선이 차가워질 수 있다.

사실혼 관계에서는 상대 배우자가 사망하면 재산을 상속받을 수 없다. 이로 인해 배우자가 투병 중일 때 뒤늦게 혼인신고를 하는 경우가 많고, 이를 인정하지 않으려는 자식들이 상속회복청구소송을 하는 경우도 흔히 볼 수 있다. 결국 사실혼 또한 가정의 불화를 남기고 갈 수 있으므로 해결책을 미리 준비하는 것이 좋다.

이와 관련된 것으로는 '부부재산약정등기'와 '사전 증여' 등의 방법을 사용할 수 있다. 부부재산약정등기는 결혼 전에 결혼 후의 재산 관리 방법에 대해 미리 정해서 등기하는 걸 말한다. 결혼하려는 남녀가 결혼 중의 재산소유나 관리 방법 등에 대해 결혼 전에 미리 계약을 하는 걸 '부부재산약정'이라고 한다. 단, 부부재산약정등기는 반드시 혼인신고를 하기 전에 등기해야 한다. 우리 국민 정서상 결혼 전에 이런 법적인 조치를 하는 것에 대해 거부감이 있다보니 실제로 많이 사용되지는 않는다. 하지만 나중에 가족끼리 전쟁을 치르는 것보다는 미리 깔끔하게 교통정리를 해놓는 것이 긴 노후에 가족 간의 행복을 지키는 지혜일 수 있다.

만약 노후에 쓸 자금 외에도 넉넉한 재산이 있다면 재혼 전에 재산을 미리 자녀들에게 증여해놓는 것도 분란을 줄이는 방법이다. 예를 들어 살고 있는 집은 새로운 배우자와 공동명의로 해서 자신이 죽은 후에 주택연금이라도 받을 수 있도록 배려하고 남은 재산은 자식들에게 사전 증여를 하거나 사후 상속을 받도록 유언장을 통해 정리해주는 것이다. 이외에 '혼전계약서'를 작성하는 방법도 있다. 혼전계약서는 결혼 전 사망 시나 이혼 등에 대비해 미리 당사자 간에 협약서를 의미한다. 예를 들어 배우자가 재산상의 권리를 포기한다는 내용 등을 혼전계약서에 담는 것이다. 하지만 혼전계약서는 법적으로 인정받기 어렵다는 단점이 있다.

황혼결혼은 긴 노후를 행복하게 살기 위해서 하는 것이므로 이로 인해 가족들 간의 불화가 생기는 건 막아야 한다. 상속과 관련된 분쟁을 막는 가장 좋은 방법은 미리 대비해 예방하는 것이다. 노후자금을 확보해놓은 다음 미리 처분할 것은 처분한 후 배우자나 자녀에게 넘기고 나머지는 적절히 상속자산으로 남기면 된다. 상속자산으로 남길 때 법정상속분과 다른 내용으로 분할되도록 하려면 유언을 남기는 방법을 활용하는 것도 좋다. 황혼결혼은 신중하게 결정하고 현명하게 준비하는 것이 최선이다.

선택에 책임을 질 수 있을 때에만
실행해야 한다

17장

준비한 사람이
기회를 잡는다

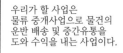
우리가 할 사업은
물류 중개사업으로 물건의
운반 배송 및 중간유통을
도와 수익을 내는 사업이다.

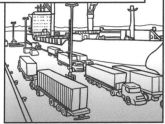

사업에 필요한 자격증을
따고,

예상 자본금을 모았지만,
턱없이 부족했다.

딸 시집보내고,
노후도 생각하면
퇴직금 전부를
투자하긴 무리가
있겠군!

콘퍼런스룸
Ⅱ

오늘은 창업을 하려는
사람들을 위한
강의를 진행하겠습니다.

창업을 하려면 뭐가
제일 필요합니까.

돈이요~.

짜증나기만 했던
미래미팅 프로그램에서
힌트를 얻어

네, 자본금이
필요하죠,

이제껏 일해오면서 자네와 일할 때 가장 보람을 느꼈더랬지. 이렇게 되어 정말 다행이야.

소싯적에 우리 정말 환상의 궁합이지 않았나.

조 사장

어 왔나?

안녕하세요~

이 친구는 강덕구. 추진력이 아주 좋아. 나를 도와 영업과 실진행을 맡아줄 거야.

천부적인 영업맨. 조덕형. 그의 친화력은 실로 대단하다.

나를 알아주는 사람...

반가워요.

이 친구는 올곧은. 아주 부지런하고 꼼꼼한 친구지. 기획과 거래처 관리, 회계를 맡아줄 거야. 같이 잘해보세.

나만이 할 수 있는 일을 한다!

히—익

드디어 올 부장이 중대한 결심을 했다. 새로운 사업을 시작하기로 한 것이다. 조 이사와 동업으로 창업에 도전한다. 처음 창업을 하는 사람들은 성공의 부푼 꿈을 안고 장밋빛 미래만 바라보기 쉽다. 그러나 '회사가 전쟁터면 밖은 지옥이다'라는 말이 회자되는 현실 속에서는 하고자 하는 일이 뜻대로 잘 풀리기만 하지 않는다. 창업의 첫 번째 목표는 누구나 성공이겠지만, 더 중요한 것은 살아남는 것이다.

창업을 결심했다면 자신이 잘할 수 있는 일을 선택하자. 그리고 우리나라 경제상황상 유망한 업종을 선택하는 것이 좋다. 어떤 업종을 선택하느냐가 실패를 줄이는 핵심이다. 많은 사람들이 창업에 자신이 없거나 실패를 줄이기 위해 선택하는 게 프랜차이즈 창업이다. 프랜차이즈 창업은 본사에 가맹비를 낸 후 본사의 지원을 받아 정해진 지역에서, 정해진 상품이나 서비스를 판매하는 일이다.

가장 대표적인 프랜차이즈는 커피체인점이나 치킨체인점 등이 있다. 프랜차이즈 창업의 장점은 본사가 점포 위치 선정부터 상품개발, 광고, 마케팅 등을 대행하고 지원해준다는 점이다. 하지만 유명 체인점은 가입비가 수억 원을 호가하는 등 비싸고 가입조건도

까다롭다. 또한 업종 간 경쟁업체의 난립과 자체 가맹점 간의 난립 등으로 경쟁이 매우 치열하다. 본사는 가입비와 인테리어 비용 등만 챙기고 정작 관리를 제대로 안 해줘서 가맹점주가 애를 먹는 경우도 종종 발생한다. 무엇보다 유행에 민감하고 라이프사이클이 짧아 잠시 호황을 누리다가 쇠퇴하는 프랜차이즈가 많다는 큰 단점이 있다.

결국 겉으로 보기에는 위험이 적은 프랜차이즈 창업도 실제로는 매우 위험할 수 있다. 가맹비와 인테리어 비용이 비싸 초기 창업비용이 높은 반면 비용 대비 수익성이 높지 않은 경우가 많기 때문이다. 2012년 통계청이 처음으로 전국 프랜차이즈 업종의 가맹점당 매출액과 영업이익을 조사한 적이 있다. 이에 따르면 전체 프랜차이즈 업종의 월평균 수입은 200만 원을 조금 넘는 데 불과하고, 특히 치킨이나 제과 등 음식점업의 월 수입은 190만 원에도 못 미친다. 프랜차이즈 창업은 자칫 빛 좋은 개살구가 되기 쉽다.

성공할 수 있는 창업이야기

작년 말 퇴직한 최요한 씨는 평소 프랜차이즈 커피점 창업에 관심이 많았다. 부인도 커피를 좋아해 부부가 함께 창업전문가를 찾아 커피점 개점에 관한 컨설팅을 받았다. 최 씨 부부가 마음에 둔 지역은 대로변 1층 75평 규모의 대형 프랜차이즈 커피전문점이었다. 총 창업비용은 가맹비 2,000만 원, 사업비 2,000만 원, 내부 인테리어비용 1억8,000만 원, 탁자와 의자비 등 시설비용 3,000만 원, 제조장비 비용 5,000만 원, 상가 권리금과 임대보증금 등 총 4억2,000만 원이 예상됐다. 문제는 수익성이었다.

최 씨 부부는 유동인구가 많은 지역임을 감안해 일 고객 수 360명, 객단가 4,300원 기준 일평균 155만 원, 월평균 4,644만 원의 매출을 예상했다. 그리고 월평균 비용 3,500만 원을 감안하니 예상 월평균 수익은 1,150만 원 정도였다. 두 부부는 이 정도면 충분히 할 만하다고 생각했고 다른 사람이 나서기 전에 계약을 서두르고 싶었다.

하지만 창업전문가는 대학교 주변인 점을 감안해 객단가는 4,000원으로 낮춰야 하고, 하루 방문객 수도 330명을 넘기는 어려울 것이라고 조언했다. 또한 방학 때는 방문객 수가 줄어드는 점도 감안해야 했다. 대략 월평균 매출을 3,960만 원으로 잡아보았다.

반면 비용은 임대관리비 750만 원, 재료비 1,600만 원, 인건비 900만 원, 공과금 160만 원, 카드수수료 90만 원, 기타경비 150만 원 등 총 3,650만 원이 들어갈 것으로 예상됐다. 여기에 대출 2억 원에 대한 이자비용 월 50만 원을 포함시키지 않아도 예상 월 수익은 310만 원에 불과했다. 이뿐만이 아니다. 세금도 내야 하고 프랜차이즈 본사가 인테리어 교체를 요구할 경우 수천만 원의 추가 비용이

항목	최 씨 부부 예상내역	창업전문가 예상내역	차이 비교
월평균 예상 매출액	4,644만 원 (객단가 4,300원x일 고객 수 360명x30일)	3,960만 원 (객단가 4,000원x일 고객 수 330명x30일)	684만 원
월평균 비용	3,500만 원 (임대관리비 750만 원, 재료비 1,600만 원, 인건비 800만 원, 공과금 160만 원, 카드수수료 90만 원, 기타경비 100만 원)	3,650만 원 (임대관리비 750만 원, 재료비 1,600만 원, 인건비 900만 원, 공과금 160만 원, 카드수수료 90만 원, 기타경비 150만 원)	150만 원
월평균 수익	1,150만 원(세전)	310만 원(세전)	840만 원

| 최 씨 부부와 창업전문가 예상 내역 비교 |

들어갈 수 있는 점도 위험요인이었다. 결국 두 부부의 인건비도 안 나오는 수준이라고 판단되자 최 씨의 얼굴은 어두워졌다.

실망하긴 했지만 최 씨 부부는 전문가의 조언 덕분에 위험을 예방할 수 있다는 안도감이 들었다. 창업전문가는 프랜차이즈 창업은 가맹점 점주는 돈을 벌지 못하고 프랜차이즈 본사만 수익을 낼 수 있기 때문에 사전에 면밀히 조사해보고 결정해야 한다고 조언해줬다. 이 밖에 임대료 상승에 대한 위험, 다른 경쟁자의 출현, 상권변화에 따른 매출 감소, 폐업 시 권리금 회수 여부 등도 위험요소임을 알게 됐다.

최 씨의 경우 프랜차이즈 가맹점의 시각이 아닌 독립적인 창업전문가의 조언으로 위험을 막을 수 있었다. 하지만 성공 가능성만을 보고 프랜차이즈 창업을 하는 사람들이 많다. 긍정적인 면보다는 최악의 경우도 따져봐야 하므로 프랜차이즈 본사에서 개최하는 창업박람회에 간다면 보수적인 시각에서 접근해야 한다. 좋은 이야기, 성공사례만을 이야기하는 프랜차이즈 사업설명회에 너무 의존하지 말자. 이보다 기존 가맹점주들을 만나 실제 매출과 이익이 어느 정도인지 그들의 솔직한 이야기를 들어보는 것이 더 현명한 방법이다. 양심적인 프랜차이즈 업체를 고르는 것 또한 기존 가맹점주들을 통해 확인할 수 있다. 사업설명회보다는 창업을 하기 전에 시니어창업스쿨이나 시니어창업센터를 방문해 전문가의 도움을 받는 것을 권한다. 그들을 통해 맞춤형 상담을 받아보고 냉정한 조언을 통해 위험 요소를 최대한 제거해야 한다.

창업에 실질적인 도움을 얻을 수 있는 방법

창업을 고려한다면 적성에는 맞는 일을 고르고 창업비용과 예상 매출, 예상 수익 등을 객관적인 전문가와 함께 정확히 시뮬레이션해보고 창업 여부를 타진해봐야 한다. 카페라면 보증금과 집기, 인테리어 등 자본투자만 생각하면 안 된다. 하루에 몇 잔의 커피나 음료를 팔 수 있고 평균 매출단가는 얼마인지 매출에 대한 부분을 따져보고 월 임대료, 아르바이트 비용 등 영업비용에다 카드수수료 등 세부적인 비용 등까지 다 따져봐야 한다. 이런 것들은 창업교육을 통해 습득할 수 있다. 또한 창업하기 전에 하고자 하는 일을 아르바이트나 취업 형식으로 먼저 경험해보는 것도 위험을 줄이는 길이다.

창업을 하려면 작게 시작해서 조금씩 키워나가는 전략이 좋다. 새로운 분야보다는 자신이 잘 아는 업종에서 승부를 거는 것이 좋고 사전에 창업교육을 반드시 받자. 짧은 시간에 많은 돈을 벌겠다는 조급증은 아예 버려야 한다. 우리는 100세 시대에 살고 있다. 초기 몇 년간 조금씩 매출을 늘리고 수익을 올린다는 편한 마음으로 시작하되 시작 전 충분한 시간을 갖고 철저히 준비하는 것이 최선이다.

창업과 관련된 정보나 도움은 지역별 창업센터나 시니어창업센터를 통해 얻을 수 있다. 인터넷에 '시니어창업센터'를 쳐보면 가까운 창업센터에 대한 정보를 얻을 수 있다. 시니어뿐 아니라 젊은 층들을 위한 정보도 포함된다. 1인 창조기업을 포함한 창업과 관련해서는 창업진흥원이 운용하는 창업넷(www.startup.go.kr)을 방문해도 관련 정보를 종합적으로 접할 수 있다. 창업을 할 만한 역량이 되는지도 살펴볼 수 있고, 창업에 필요한 행정절차부터 자금조달까지 모든 업무를 풀어나가는 데 많은 도움을 받을 수 있다. 각 정보 게시물에는 담당자 연락처도 나와 있어 전화나 e메일로 구체적인 상담을 받을 수 있다.

창업 때 가장 중요한 건 역시 창업자금이다. 그리고 철저한 준비다. 너무 많은 돈을 들이지 말고 최소의 자금으로 시작하되 정부 지원자금을 최대한 받는 노력이 필요하다. 특히 고정비용에 대한 부담을 줄이는 게 중요하다. 시니어창업센터나 창업넷 등을 통해 이와 관련된 도움을 받을 수 있다. 중소기업청에서 지원하는 창업보육센터를 이용한다면 큰 비용 없이 준비과정을 거쳐 창업이 가능하도록 도움을 받을 수 있다. 맞춤형 교육은 물론이고 사무실 제공도 해주고 창업 관련 전문가가 상주해 도움을 주고 있다.

신제품이나 신기술에 대한 아이디어로 창업을 원한다면 '창조경제타운(www.creativekorea.or.kr)'을 방문하면 된다. 아이디어를 검증해서 구체화해주며 창업으로까지 연결해준다. 여성의 경우 지자체 등이 운용하는 각종 여성창업보육센터를 이용하는 게 편리하다. 또한 여성기업 종합정보포털(www.wbiz.or.kr)을 통해서도 도움을 받을 수 있다. 이 밖에 창업지원기관을 통해 창업에 필요한 인허가 사항부터 기술 지도와 창업자금 지원을 받을 수 있다. 가장 대표적인 곳이 중소기업청 창업진흥과와 소상공인시장진흥공단 등이다. 중소기업청 창업진흥과(www.smba.go.kr, 042-481-3972)에서는 창업에 필요한 인허가 사항 등을 일괄 처리 지원해준다.

소상공인시장진흥공단(www.semas.or.kr, 1588-5302)에서는 창업 경영상담과 창업자금, 회계업무 등을 지원한다. 무엇보다 자금 지원이 중요한데 전국 광역자치단체들은 지역 소재 신용보증재단을 통해 소기업들을 창업기업, 기존기업, 전환기업 등으로 구분해 단계별 맞춤형 보증지원을 해준다. 소상공인시장진흥공단은 중소기업청의 지원을 받아 소상공인 창업과 경영개선자금을 저리로 지원해준다. 금리는 연 3%선, 업체당 최대 7,000만 원 한도다. 장기실업자나 여성이라면 근로복지공단 재활사업부(02-2670-0584)를 통해 창업 자금을 지원받을 수 있다.

창업과 관련된 교육프로그램도 광역자치단체나 기초자치단체별로 잘 마련돼 있다. 자치단체별로 차이는 있지만 온라인 교육과 오프라인 교육을 병행하는 프로그램도 많이 있다. 일반 과정의 경우 온라인을 통해서도 수강이 가능하다.

창업은 결코 쉬운 일이 아니다. 나만의 경쟁력을 가질 수 있고 나

| 창업지원 기관들 |

기관	사이트	지원 분야
창업진흥원	www.startup.go.kr	1인 창조기업
창조경제타운	www.creativekorea.or.kr	신기술 창업
여성기업 종합정보포털	www.wbiz.or.kr	여성 창업
중소기업청 창업진흥과	www.smba.go.kr	기술지도, 인허가
소상공인시장진흥공단	www.semas.or.kr	경영상담, 회계업무
근로복지공단 재활사업부	www.kcomwel.or.kr	장기실업자, 여성

의 적성과 맞는 일을 선택해야 한다. 무엇보다 중요한 건 창업 전에 충분한 준비기간이 필요하고 창업전문가나 창업센터의 도움을 받아 철저한 시뮬레이션과 스트레스 테스트를 거쳐야 한다. 절대 서두르지 말자. 창업에 앞서 인생 후반기에 어떤 일을 하며 살 것인지를 정하고 준비해야 후회 없는 인생을 살 수 있다.

망해도
다시 일어설 자신이 있을 때 창업하자

· 18장 ·

성공하는
가장 확실한 방법

아내가 제안했다.

올리브한테도 말해야 하니까 자리 한 번 만들어봐.

옛날부터 사고 싶었던 거다!!

폭풍지름신

아빠, 어디 피난가?

오늘 오랜만에 가족여행으로 캠핑장 갈거야.

내가 자리 마련하랬지 누가 저딴 걸 사재기 하랬어..!

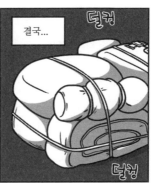

| 회사를 그만둬도 돈 걱정 없는 인생

결국

아빠 회사 그만두고 사업하기로 했다.

치

에? 정말??

그래. 조 이사 아저씨랑 동업한대.

엄마도 알고 있었어??

집 거실.

우와~ 배신감....

많이 먹어

/따르릉

네, 올곧은입니다.

안녕하세요. 카센터인데요. 자동차 수리 견적 때문에 전화 드렸습니다.

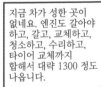

지금 차가 성한 곳이 없네요. 엔진도 갈아야 하고, 갈고, 교체하고, 청소하고, 수리하고, 타이어 교체까지 합해서 대략 1300 정도 나옵니다.

그냥 새로 뽑는 게 낫겠는데요

나도 사업할래!!

고기나 처먹어 이년아.

캬양!!

여유도 없는데...!!

으어어...

평소에 가족 간의 대화가 부족하면 올 부장과 같은 일들이 벌어진다. 꼭 사야 할 건 안 사고 상황에 맞지 않는 물건들을 사는 데 아까운 돈을 쓰는 것이다. 가족들을 모두 고려한 구매결정이 아니라 자신만을 위한 의사결정을 하기 때문이다. 올 부장처럼 허튼 곳에 돈을 쓰지 않으려면 돈에 대한 이야기도 가족과 최대한 자주 하는 것이 좋다. 돈 이야기를 가족들과 하다보면 다른 이야기도 함께하게 된다. 이런 과정을 통해 가족들끼리 소통이 원할해지면서 서로 가까워진다.

　가족들이 함께 사용하는 물건을 구매해야 한다면 꼭 상의하자. 혼자만 고민할 때보다 꼭 필요한 것이 무엇이고, 필요 없는 것이 무엇인지 구분하기 쉬워진다. 쓸데없는 물건을 사는 데 돈을 쓰면 꼭 필요한 곳에 쓸 돈이 사라진다. 돈 관리할 때 가장 경계해야 할 사항이다. 가족의 의견은 듣지도 않고 혼자만 결정해서 구매하는 일이 반복되면 가족들로부터 왕따가 된다. 가족을 위한다는 포장으로 자기중심적으로 생각하거나 자기만족을 위해 행하는 일이 아닌지 한 번쯤 돌아보자. 열린 마음으로 서로를 존중하면서 이야기하는 것이 중요하다.

돈이 많든 적든, 지위가 높든 낮든, 우리는 가족을 통해 삶의 희망을 얻는다. 그런데 가정이 평안하려면 사랑을 기반으로 건강과 돈이 함께 잘 어우러져야 한다. 돈이 많아도 화목하지 않다면 그 가정은 행복하지 않다. 반면 돈은 다소 부족하더라도 가족들이 서로 화목하게 살아왔다면 힘을 합해 부족한 부분을 채워나갈 수가 있다.

가족에게 편안한 사람인가, 불편한 사람인가

가족 간의 사랑이 중요하지만 평소에 여기서 제외되는 사람들이 있다. 직장생활과 일로 찌들어 사는 아버지들이다. 아버지들은 한평생 가족을 위해 일한다고 생각하며 스스로를 위안한다. 하지만 아버지를 바라보는 아내와 자녀는 아버지와 다른 생각을 할 수 있다.

회사나 일을 핑계로 가족들과 함께 어울릴 시간이 없는 아버지들은 가족들 사이에서 왕따를 당하는 경우가 많다. 자녀와는 대화가 단절된 지 오래고 아내와도 사소한 갈등이 쌓여왔기 때문이다. 자신이 왕따라고 느끼지도 못하는 경우는 더 큰 문제다. 자신이 집안에서 왕따를 당하는지 아닌지를 알 수 있는 방법은 없을까? 간단한 테스트를 해보면 된다.

아버지들이 집에 들어오면서 "아빠 왔다"라고 하면서 현관문을 열고 들어갔을 때 아내는 물론이고 자녀들이 아버지에게 달려와 "다녀오셨어요~~"라고 반갑게 맞아준다면, 설령 달려오지는 않더라도 진심이 느껴질 정도로 따뜻하게 가족들이 아버지를 맞이한다면 그는 비교적 아버지 역할을 잘해왔다고 볼 수 있다. 반면에 "아빠 왔다"라고 하면서 들어설 때 자기들끼리 재미있게 이야기하다가 아버지를 보는 순간 대충 인사만 하고 아버지를 피해 각자 자기들 방으로 흩어진다면? 그는 분명 가족들에게 왕따를 당하고 있다고 봐야 한다. 자기들끼리는 서로 편하게 별별 이야기를 다하지만 아버지는 함께 이야기를 하기에는 불편해진 다른 세상의 사람이 돼 있는 것이다.

만약 자신이 이런 상황에 처해 있다면 지금부터라도 정신 바짝 차리고 가족들에게 점수를 따야 한다. 하루라도 빨리 아내와 자녀들과의 관계 개선을 시도하자. 방치하다가는 긴 노후를 왕따로 외롭게 지내야 하니까. 이를 위해 요리도 배우고, 집에서 밥과 청소도 하면서 집안일을 거들어야 한다. 집안일을 할 때도 회사에서처럼 관리자의 관점이 아닌 아내나 자녀의 관점에서 바라보도록 노력해야 한다. 이러다보면 자녀로부터 먼저 점수를 얻게 되고 그 다음 아내의 마음도 돌려놓을 수 있다.

무엇보다 가족들과 많은 대화를 나누는 노력이 필요하다. 좀 더 일찍 퇴근해서 저녁식사를 함께하고 주말여행도 즐길 줄 아는 여유를 가져보자. 가족과의 관계가 친하다고 여겨진다면 노후 준비와 자녀 지원에 대한 이야기를 함께 나눠보자. 부모가 가진 재산으로는 모든 걸 할 수 없다는 걸 자녀들이 이해한다면 자녀들도 돈에 대해 선택과 집중을 하게 된다. 부모가 자신들을 위해 해줄 수 있는 것과 그렇지 않은 것들을 생각하게 하고, 그 범위 안에서 자신들의 미래를 설계할 수 있도록 이끌어주는 것도 부모의 몫이다. 부모가 노후에 자녀에게 손 벌리지 않고 지낼 수 있어야 자식들도 맘 편히 그들의 삶을 살게 된다. 이런 것들을 가족끼리 터놓고 이야기하는 노력이 필요하다. 이런 대화가 처음에는 어색하고 어렵지만 하다 보면 자연스러운 일상이 될 수 있다.

부자가 되는 확실한 방법

우리는 누구나 돈 걱정 없이 살기를 원한다. 그리고 돈 걱정 없이 살기 위해 부자가 되기를 꿈꾼다. 부자가 되는 방법에는 어떤 게 있을까? 가장 쉽고 좋은 방법은 부자 아빠나 부자 엄마를 만나는 것이다. 그 다음으로는 부자 배우자를 만나는 방법이 있다. 약간 비굴하긴 하지만 부자 남편이나 부자 아내를 만나도 인생 역전을 할 수 있다. 가장 떳떳하고 좋은 방법은 창업해서 부자가 되는 것이다. 비록 힘들긴 해도 자신의 힘으로 부자가 되는 게 가장 이상적이다. 하지만 이런 경우는 평범한 사람들에게는 흔치 않다. 그렇다면 평범한 사람들이 부를 쌓을 현실적인 방법은 없을까?

가장 확실한 방법 중 하나는 돈 쓸 시간을 만들지 않는 것이다. 20대 후반 여성 직장인이 있다. 간호사로 일하는 그녀의 월급은 세금 떼고 대략 230만 원 정도다. 그런데 그녀는 매월 195만~200만 원을 저축한다. 통장에 들어오는 월급의 거의 대부분을 저축하는 셈이다. 저축을 잘할 수 있는 건 그녀가 돈 쓸 시간이 없기 때문이다.

병원 특성상 야간에도 자주 일하다보니 평일은 물론이고 주말에도 피곤해서 집에서 잠을 자거나 쉬는 시간이 많다. 남자친구 만날 시간도 없고 물건을 사러 쇼핑할 시간도 없다. 이렇게 5년을 근무하다보니 그녀의 통장에는 1억 원이 훨씬 넘는 돈이 쌓였다. 1억 원의 돈이 지금은 크게 느껴지지 않을 수 있다. 대도시에서 집을 사기는커녕 전셋집 마련하기에도 턱없이 부족한 돈이기 때문이다. 하지만 여전히 1억 원은 큰돈이고 부자가 되기 위한 관문이다.

1억 원을 모으기 위해서는 매월 160만 원씩 5년 동안 저축해야 하고 매월 200만 원씩 저축해도 4년 이상이 걸린다. 무엇보다 1억 원이 있으면 돈이 돈을 버는 기반을 만들 수 있다. 1억 원으로 경매를 통해 월세가 나오는 아파트를 구입할 수도 있고, 다양한 금융상품을 통해 자산을 불려나가기가 쉬워진다. 돈을 모을 수 있다는 자신감이 생기고 돈을 다양한 곳에 투자하면서 돈에 대한 안목도 생기게 된다. 1억 원을 모아 놓으면 5억 원, 10억 원으로 가는 길이 보인다.

한 푼이라도 저축을 조금 더 하는 게 중요한 이유가 있다. 바로 낮은 금리 때문이다. 지금 은행에 가서 1,000만 원을 예금하면 이자를 얼마나 줄까? 1년 만기 예금금리 기준으로 연 2%를 받기 힘들다. 그렇더라도 편리상 연 2%의 이자라면 1,000만 원을 맡기고 1년 후에 20만 원을 이자로 받는다. 20만 원을 다 받는 게 아니라 여기서 15.4%의 세금을 내니까 실제 이자는 16만9,200원으로 줄어든다. 월로 따지면 1만4,000원에 불과하다. 그렇다면 매월 1만4,000원을 덜 쓰고 그 돈을 저축하면 1,000만 원을 은행 통장에 넣어둔 것과 마찬가지 효과를 볼 수 있다. 만약 매월 10만 원을 아끼고 더 저축하면 7,000만 원 이상을 은행에 넣어둔 효과가 생기는 셈이다. 금리가 낮을수록 조금 덜 쓰고 조금 더 저축하는 효과는 커진다.

얼마 전 매일 10원씩 늘려서 저축하는 방법으로 1억 원이 넘는 돈을 모은 73세 저축왕 진정군 씨 이야기가 화제가 된 적이 있다. 서울 방화동에서 전파상을 하는 진 씨는 20년 동안 매일 10원씩 저축액을 늘려서 큰돈을 모으게 됐다. 오늘 10원 저축하고 내일은 10원을 늘려 20원, 그 다음날은 30원, 이런 식으로 20년간 꾸준히 저축금액을 늘려서 목돈을 만들었다.

진씨가 10원씩 저축을 시작한 게 50대 중반이다. 진 씨의 이야기를 들으면 저축하기에 너무 늦었다거나 수입이 적어 돈을 못 모은다는 말은 통하지 않게 된다. 매일 푼돈을 모아나가고 그 돈을 저축하거나 꾸준히 투자해나간다면 누구나 작은 부자는 될 수 있다. 돈을 모을 때 너무 큰 목표를 세우는 건 부담스러울 수 있다. 현실적으로 가능한 작은 목표를 세우고 매일 꾸준히 노력하는 게 돈을 모을 수 있는 핵심이다.

10억 원 만들기, 20억 원 만들기와 같은 목표는 너무 멀게 느껴져 중간에 포기하기가 쉽다. 오히려 '오늘 1,000원을 더 모으자' '이번 달은 10만 원만 더 저축해보자' 같은 작은 목표를 세우고 그 목표를 달성하는 게 중요하다. 단, 꾸준히 오랫동안 지속해야 한다. 아울러 불필요한 곳에 돈 쓸 시간을 만들지 않기 위해 생산적인 일에 집중해보는 노력도 필요하다. 부자가 되면 노후에 돈 때문에 걱정할 필요가 없으니까 부자가 되기 위한 노력은 노후 준비와도 자연스럽게 연결된다.

"이봐, 해봤어?"

이 말은 현대그룹을 창업한 고(故) 정주영 회장이 실패를 두려워하는 사람에게 던진 말이다. 우리는 부자가 되는 꿈을 너무 쉽게 포기한다. '쥐꼬리만 한 월급으로 언제 부자가 돼?' '나는 왜 부자 부모를 만나지 못해 이런 고생을 하며 살까?' 하는 생각을 하며 스스로의 기를 꺾는다. 성공하는 가장 확실한 방법은 성공할 때까지 포기하지 않는 것이다.

오늘 하루 1,000원을 더 통장에 모아보자. 매일 꾸준히 쌓아놓은 푼돈이 한 달간 모이고 그 돈이 1년 동안 쌓이는 게 노후까지 반복되면 생각보다 큰돈을 만들 수 있다. '푼돈을 아껴서 뭐해?' 하는 생각이 든다면 자신에게 다시 한 번 물어보자.

'이봐, 부자가 되려고 치열하게 노력은 해봤어?'

행복한 인생은
가족 간의 수다로 시작된다

지금까지의 나를 뒤집어야
새로운 내가 온다

| 회사를 그만둬도 돈 걱정 없는 인생

누구나 올 부장처럼 기쁜 마음으로 퇴직할 수는 없다. 겉으로 웃고 나올 수는 있어도 막상 퇴직을 하게 되면 만감이 교차한다. 손때 묻은 책상이며 삐걱거리던 의자, 닳아서 모서리가 뭉개진 결재판, 침 자국이 굳어버린 수화기. 이런 것들이 이제 추억 속으로 잊혀질 것이다. 젊은 날 두렵기만 했던 회의실이나 선배에게 꾸중 듣던 화장실이 어쩌면 그리울 것이다. 그러나 퇴직을 해도 인생은 계속된다. 새로운 길이 앞에 있다. 힘차게 발을 디뎌야 할 때다.

비우고 다시 채우자

모든 것에는 적절한 유효기간이 있다. 음식이나 과자에 최적의 맛을 보존하기 위한 유통기간이 있듯 인간관계도 비슷한 원리가 적용된다. 한 직장에서 동고동락했던 직원들, 굉장히 친하게 지냈던 이들과의 관계도 직장을 떠나면서 유효기간이 서서히 만료된다. 동료의식과 경쟁의식이 뒤섞인 직장생활 특성상 서로 간의 관계는 회사에 몸담고 있는 동안만 지속되기 마련이다.

이는 회사동료들과의 관계에만 적용되지 않는다. 젊어서 친하게 지냈던 친구들도 나이가 들면서 하나둘 멀어져간다. 그리고 빈자리는 또 다른 인간관계로 채워진다. 사람들과의 관계에도 유효기간이 있는 건 물리적 또는 환경적인 영향도 있지만 심리적인 것도 작용한다. 처음엔 좋았던 관계라도 사소한 다툼이나 작은 서운함 또는 인간적인 배신감 등이 쌓이게 되면 점점 관계가 악화된다. 마치 우리의 혈관 속에 나쁜 콜레스테롤이 쌓여 건강이 나빠지는 것처럼 마음속에도 응어리가 쌓이면서 관계가 소원해지고 유효기간이 끝나는 것이다.

마음속 응어리는 가정에서도 생긴다. 남편이나 부인, 자녀로부터 느끼는 누적된 서운함 역시 또 다른 마음속 응어리를 만든다. 그렇다고 가족이나 사람과의 관계에서 마음속 응어리가 생기는 걸 피할 수는 없다. 응어리 자체가 안 생기도록 하는 것보다는 응어리가 쌓이지 않도록 노력하는 게 현명한 방법이다.

시간이 흘러가면서 남편과 아내는 서로 귀찮다고 느끼는 일도 생기고 자녀들 역시 나이가 들면서 부모 말을 듣지 않고 자기 생각대로 삶을 산다. 내가 젊었을 때 마냥 사랑스럽던 배우자와 자녀는 내 나이가 중년, 장년이 되면서 더 이상 마음대로 할 수 없는 존재들이 되는 것이다.

이럴 때는 현실을 인정하고 마음속 갈등이 쌓이지 않도록 틈틈이 응어리를 덜어내야 한다. 이는 관점을 바꾸면 가능해진다. 주위 사람들로부터 보상받겠다는 기대부터 버려보면 어떨까? 친구나 직장 동료, 지인들에게 받기 전에 먼저 주자. 아내의 내조나 남편의 배려,

그리고 자녀의 효도 역시 큰 기대를 하지 말자. 대신 스스로 우뚝 서도록 길을 찾자. '내가 여태껏 당신에게 해준 게 어딘데' '내가 여태껏 너희들 키우느라고 고생한 게 어딘데'라는 생각을 비우자. '이만하면 괜찮아' '지금 나는 행복하다'라고 긍정적으로 생각하자. 그래야 내 삶이 가볍고 자유로워진다.

남의 인생이 아닌 나의 인생으로

남에게, 그리고 가족에게 의지하지 말고 자신의 삶을 살자. 나이가 들어도 자신의 할 일을 찾고 활기차게 살면 나도 행복하고 가족과 내 주변도 행복해진다. 가족 간의 사랑도 중요하고 소중하다. 하지만 내 자신이 활기차고 건강하게 살지 않으면 모든 것은 어그러지게 마련이다.

은퇴 후 집에만 있는 건 최악의 선택이다. 활기차고 즐겁게 사는 데 초점을 맞춰야 한다. 밖으로 나가 사회와의 관계를 이어나가자. 일도, 인간관계도 새롭게 만들어 나가자.

시행착오를 두려워하지 말자. 여태껏 내가 겪어온 경험과 지식은 생각보다 많은 가치가 있다. 그동안 쌓인 경험과 지식을 바탕으로 무엇이든 새로운 것에 도전해보자. 본문에서도 이야기했듯이 성공하는 가장 좋은 방법은 성공할 때까지 포기하지 않는 것이다.

모든 걸 털어내고 회사를 떠나는 올 부장처럼 지난 것들에 연연하지 말자. 새로운 인생, 새로운 인연들이 당신을 기다리고 있을 것이다.

감사의 글

이 책을 쓰는 동안 주변 분들로부터 많은 도움을 받았습니다. 특히 국민은행 부동산 수석연구원이신 박원갑 박사님, 한국은퇴생활연구소 박영재 대표님, 듀오정보㈜의 이효주 매니저님, SM성공문화연구소 김송기 소장님은 저에게 부족한 부분을 풍족하게 채워주셨습니다. 펀드와 관련된 자료를 제공해주신 ㈜KG제로인 황윤아 대리님께도 감사드립니다. 이외에도 책을 쓰는 동안 격려와 응원을 해주신 모든 분들께 이 자리를 빌려 감사의 말씀을 전합니다.

지금 당장 시작하는
퇴직설계

퇴직금 관리 노하우

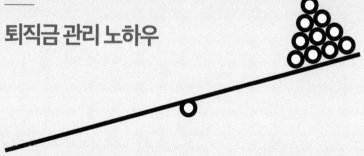

퇴직연금 활용법

회사에 다니고 있다면 누구나 퇴직연금에 가입한다. 본인이 가입하고 있는 퇴직연금이 어떤 유형인지 알아보자. 퇴직연금에는 확정급여형(DB: Defined Benefit)과 확정기여형(DC: Defined Contribution) 두 가지가 있다.

확정급여형(DB)

확정급여형은 기존의 퇴직금과 같다고 생각하면 된다. 회사가 임금 상승률 등을 감안해서 근로자에게 주기로 약속한 퇴직금을 퇴직 시에 지급하는 형태다. 단지 바뀐 것은 기존에는 퇴직금을 회사에서 자체적으로 적립했지만 퇴직연금제도에서는 적립금의 최소

60% 이상을 금융회사에 예치해두게 했다. 또한 회사가 퇴직금으로 줄 돈을 직접 금융회사(은행, 증권사, 보험사)에 맡겨 운용하기 때문에 퇴직금의 적립이나 운용, 그리고 지급에 대한 권한과 책임이 모두 회사에 있다. 운용을 잘하건 못하건 회사가 책임을 지고 약속한 퇴직금을 지급해야 한다. 회사가 적립금을 잘 운용해서 근로자에게 주기로 한 퇴직금보다 많으면 회사가 남는 돈을 갖게 되고 운용을 못해서 적립금이 모자라면 회사가 채워 넣어야 한다.

· 확정급여형이 유리한 경우 ·

- 회사가 재무적으로 안정적이며 오랜 기간 근무가 가능할 경우.

- 급여가 꾸준히 인상되는 회사에 근무할 경우.

- 개인적으로 금융자산에 대한 지식이 부족하고 투자경험이 없는 경우.

- 초과 수익보다는 안정적인 운용을 선호할 경우.

- 퇴직연금 외에 펀드나 변액연금과 같이 실적 배당형 상품에 많이 가입
  돼 있어서 위험 분산 차원에서 안정적인 운용을 원할 경우.

- 퇴직 시까지 근무기간이 얼마 남지 않은 경우.

확정기여형(DC)

확정기여형은 기업이 내는 부담금(대략 한 달 월급이며 연간 임금총액(연봉)의 1/12 이상)을 확정한 다음 그 돈을 금융회사(은행, 증권사, 보험사)의 근로자 개별 계좌에 넣어준다. 근로자는 회사가 넣어준

적립금을 금융회사의 퇴직연금용 상품 중에 선택해 운용하며 운용 결과에 따라 향후 받을 연금이 결정되는 방식이다. 회사는 정기적으로 약속된 부담금만 지급하고 이에 대한 운용권한을 근로자가 가지고 상품을 선택한 후 운용결과도 근로자 스스로 책임지는 방식이다.

확정기여형의 경우 대부분 주식이나 채권과 같은 투자상품을 통해 수익률이 정해진다고 보면 된다. 투자에 대한 책임을 근로자가 지게 되고 근로자가 원할 경우 본인이 추가로 불입해 적립금을 늘려나갈 수 있다. 앞서 설명한 확정급여형과 달리 투자된 적립금이 불어나면 근로자의 연금이 늘어나고 투자가 잘못되면 연금액이 줄어드는 구조다. 또한 확정기여형의 경우 적립금의 100%가 금융회사에 예치된다.

· 확정기여형이 유리한 경우 ·

– 금융상품의 특성을 이해할 수 있고 개인적으로 투자상품에 대한 경험
  이 있는 경우.
– 연봉제를 실시하는 회사에 근무해 임금 체계가 불안정한 경우.
– 향후 임금상승률을 예측하기 어렵거나 임금상승률이 크지 않다고 판단
  돼 본인이 적극적으로 은퇴 자산을 운용하고 싶은 경우.
– 장기간 근무가 보장되지 않아 적립금에 대한 운용수익률을 높이고 싶
  은 경우.

- 회사의 재정상황이 불안한 경우.

- 향후 근무할 수 있는 기간이 10년 이상이어서 장기적인 관점에서 투자

  상품을 선택할 수 있는 경우.

- 퇴직연금 외에 다른 은퇴 자산이 별로 없어서 장기적인 관점에서 수익

  률을 높이고 싶은 경우.

- 회사가 납부하는 부담금 외에 근로자가 추가로 부담금을 늘리고 싶은

  경우.

| 확정급여형 VS. 확정기여형 |

유형	확정급여형 (DB)	확정기여형 (DC)
개념	• 노사가 사전에 퇴직할 때 받을 연금급여를 확정. • 근로자가 일정한 연령에 도달하여 퇴직하면 사전에 확정한 연금급여를 지급.	기업의 부담금(적립할 돈)을 사전에 확정한 후 근로자의 적립금 운용실적에 따라 연금급여를 지급하는 방식.
부담금 주체	회사.	회사가 부담하나 근로자가 원할 경우 추가로 납부 가능.
연금급여수준	정해진 급여공식에 따라 미리 정해짐.	연간 임금총액의 적립금 운용결과에 따라 근로자별로 달라짐.
적립방식	80% 이상 금융회사에 예치.	전액 금융회사에 예치.
적립금 운용과 책임	회사.	근로자.
사용자 부담수준	기존 퇴직금과 동일.	연간 임금총액의 1/12 이상.
퇴직금형태	연금 또는 일시금.	연금 또는 일시금.

확정급여형이나 확정기여형의 경우 각각 장단점이 있으므로 본인의 상황에 맞게 선택하면 된다. 만약 회사에서 이미 퇴직연금 유형을 정한 상태라면 선택의 여지가 없지만 아직 퇴직연금제도를 도입하지 않았거나 2가지 유형을 선택할 수 있는 복수제도를 도입한 경우에는 본인에게 적합한 유형을 선택할 수 있다.

장기적인 관점에서 앞으로 받을 급여의 인상률과 투자수익률을 예상해보고 득실을 따지는 것도 유형을 선택할 때 도움이 될 수 있다. 예를 들어, 무리하게 투자상품을 선택하지 않아도 향후 급여인상률이 꾸준히 올라가는 안정적인 직장이라면 확정급여형이 무난할 수 있다. 반대로 직장도 안정적이지 않고 급여인상률 자체도 높지 않을 것이라 생각되면 확정기여형을 선택해서 장기적으로 수익률을 높여나가는 것이 좋다.

나만의 개인 퇴직연금 통장 IRP

퇴직 후 퇴직금을 받으려면 IRP(Individual Retirement Pension) 계좌가 필요하다. IRP는 개인형 퇴직연금을 말한다. 중간정산이나 이직 등으로 퇴직금을 받을 때, 퇴직금이 다른 목적으로 사용되는 것을 막고 노후자금으로 활용될 수 있도록 퇴직금을 보관하고 운용할 수 있는 퇴직금 전용 계좌다.

퇴직금이나 퇴직금을 중간정산 받은 근로자라면 퇴직연금을 취급하는 금융회사(은행, 증권, 보험사 등)를 통해 계좌를 만들 수 있고 이직 후에도 지속적으로 IRP를 통해 퇴직금을 관리해 나갈 수 있다. IRP에 돈을 넣어두면 퇴직소득세와 이자소득세 납부를 은퇴 시점까지 연기할 수 있어서 '과세 이연 혜택'을 받을 수 있다.

IRP에 넣어둔 돈은 55세 이후에 연금이나 일시금으로 찾아 쓸 수 있다. 단, 55세 이후 연금수급요건을 충족한 다음 IRP 계좌에 적립된 돈을 연금저축계좌 등 개인연금계좌로 옮길 경우 퇴직소득세(금액에 따라 6~38%)를 이연 받는다. 이후 연금을 수령할 때 수령액의 3~5%를 연금소득세(55~69세 5%, 70~79세 4%, 80세 이상 3%)로 부담하면 된다.

현재는 직장인만 가입이 가능하지만 2017년부터는 자영업자, 프리랜서 등 개인사업자들도 모두 가입할 수 있다. 연간 400만 원을 세액공제 받는 연금저축계좌와 별도로 IRP에 추가로 돈을 넣을 경우 최대 300만 원 한도로 세액공제를 받을 수 있다. 연금저축계좌와 합해 총 700만 원 한도다.

IRP는 '퇴직 IRP'와 '적립 IRP'로 나뉜다.

퇴직 IRP는 퇴직급여제도에 가입한 근로자가 퇴직 시 또는 이직 시 가입할 수 있는 퇴직금 전용 통장이다. 법에 따라 의무적으로 만들어야 퇴직금 수령이 가능하다. 퇴직 IRP는 퇴직금이 들어오는 용도로 사용되므로 연말정산 때 받는 세액공제와는 상관이 없다.

적립 IRP는 연말정산 때 세액공제(연간 300만 원 한도)를 받기 위해 개인별로 추가 납입할 때 사용한다. 퇴직연금 사업자로 등록된 은행, 증권사, 보험사 등에서 계좌 개설이 가능하다. 적립형 IRP에 가입하기 위해서는 근무하는 회사가 퇴직연금에 가입돼 있어야 한다. 회사가 퇴직연금을 넣고 있는 금융회사라면 신분증만 가지고 가면 되지만 다른 금융사에서 개설하려면 다니고 있는 회사에서 '퇴직연금 가입확인서'를 떼서 가야 한다.

퇴직금 중간정산과 이직 등으로 인해 실제 직장인들의 퇴직연금 적립금액은 그리 많지 않을 가능성이 크다. 지금부터라도 퇴직연금은 물론이고 IRP도 최대한 활용하는 전략을 짜야 한다.

퇴직금이 없는 자영업자들을 위한 조언

자영업자, 프리랜서 등 개인사업자들은 2017년 전까지는 퇴직연금제도와 관련이 없다. 따라서 적어도 회사원들이 퇴직연금을 통해 준비한 자금만큼을 본인이 스스로 준비해야 한다. 하지만 노후자금은 '중요하지만 시급하지 않은 사항'으로 간주돼 뒷전으로 미뤄지기가 쉽다. 자영업자들은 국민연금을 제외하면 퇴직연금과 같은 제도적 도움을 받을 수 없어 준비 없는 노후를 맞을 가능성이 높다. 이런 상황에서 국민연금마저 불입하지 않거나 최소 금액으로 불입하다가는 은퇴 후 연금 빈곤층으로 전락할 가능성이 크다. 따라서 자영업자들은 다음 사항들을 참고해서 보다 절실하게 노후에 대비해야 한다.

첫째, 국민연금을 최대한 많이, 오랫동안 불입한다.

자영업자들의 경우 실제 소득보다 적은 금액을 소득으로 신고하는 경우가 종종 있기 때문에 국민연금 불입액이 상대적으로 적은 경우가 많다. 또한 회사원과 달리 본인이 국민연금 불입액을 전부 부담해야 하므로 아깝다는 생각도 하게 된다. 하지만 국민연금은 낸 돈 대비 더 많은 금액을 연금으로 수령하고 연금 수령 시 연금액도 실질가치가 보존된다는 점을 인식하고 최대한 국민연금 불입액과 불입기간을 늘려야 한다. 국민연금은 기본적으로 만 59세까지 불입이 가능하므로 은퇴 전까지 불입하는 것이 좋고 최소한 10년 이상 불입해야 평생 연금으로 받는다는 점도 명심하자. 참고로 국민연금 가입기간이 10년이 안 된다면 만 60세 이후에도 불입이 가능하고 소득이 없는 부인도 국민연금에 가입할 수 있으므로 국민연금을 최대한 활용하자.

둘째, 개인연금 등 금융상품으로 퇴직연금을 보완해야 한다.

회사원의 경우 실질적으로 도움이 되는 노후자금을 마련하기 위해서는 국민연금이나 퇴직연금을 제외하고 40~50대 기준, 월 소득의 20% 정도를 은퇴 시까지 꾸준히 준비해야 한다. 하지만 퇴직연금이 없는 40~50대 자영업자라면 회사원보다 최소한 5%p 더 높은 비율인 소득의 25~30% 정도를 꾸준히 불입해야 실질적으로 도움이 되는 노후자금 마련이 가능하다. 또한 소득이 늘어날 때마다 저축금액도 함께 꾸준히 늘려야 은퇴 직전의 소득 수준에 맞는 노후자금이 마련된다는 점도 잊지 말자.

자영업자나 프리랜서 등 개인사업자는 퇴직금 지원이 없으므로 회사원보다 더 치밀하게 노후를 준비해야 한다. 국민연금처럼 강제로 불입하고 연금으로 받는 상품들을 최대한 이용하자. 단, 보험상품을 이용할 경우 나이가 50대 이상이라면 사업비 부담이 큰 월 불입식 상품보다는 목돈을 마련한 후 그 돈을 즉시연금이나 일시납 연금상품에 가입하는 것이 비용면에서 훨씬 유리하다. 월 불입식 연금보험상품들은 매월 납입금액의 10~13% 내외를 비용으로 떼간다. 반면 목돈을 한꺼번에 넣는 즉시연금이나 일시납 보험상품은 가입 시 5~6% 정도의 초기 비용을 뗀 다음 더 이상 큰 비용이 나가지 않는다.

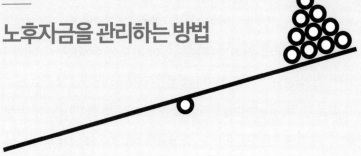

노후자금을 관리하는 방법

노후자금에 잠금장치 설정하기

노후자금은 중간에 새나가지 않게 관리하는 것이 가장 중요하다. 하지만 살다보면 애지중지 모아둔 노후자금이 허무하게 사라지는 일이 발생한다. 이유는 다양하지만 가까운 곳에서 빌미를 제공하는 경우가 많다. 특히 가족이나 주변 지인들이 내 소중한 노후자금을 호시탐탐 노린다는 걸 잊어서는 안 된다. 물론 그들이 내 돈을 일부러 노리는 건 아니더라도 상황이 그렇게 흐르곤 한다.

돈을 허술하게 관리하면

경기도 고양시에 사는 직장인 엄동철 씨는 얼마 전 조기 퇴직 위로금으로 1억 원을 받았다. 엄 씨는 이 돈으로 노후를 대비해 연금

상품에 가입하려 했다. 하지만 돈이 없으면 왠지 불안할 것 같아 5,000만 원은 그냥 통장에 넣어두고 절반인 5,000만 원만 연금상품에 가입했다. 그런 후 얼마 지나지 않아 가까운 친지로부터 연락이 왔다. 친지는 엄 씨에게 5,000만 원을 서너 달만 빌려달라고 했고 마음 약한 엄 씨는 이자를 받는 조건으로 돈을 빌려줬다. 돈을 빌린 지 석 달 동안은 이자가 잘 들어왔다. 하지만 넉 달째부터 이자가 밀리기 시작하더니 1년이 지난 지금은 원금을 돌려받기도 힘든 상황이 돼버렸다.

엄 씨는 통장에 목적 없이 돈을 넣어두었던 게 후회스럽기만 하다. 엄 씨처럼 남의 부탁을 거절하지 못하는 성격이라면 노후자금을 확실하게 단속해둬야 한다. 이를 위해 필요한 행동지침이 있다. 쉽게 돈을 꺼내 쓸 수 없게 통상에 잠금장치를 걸어두는 것이다. 주변에서 급한 일이 생겼다고 돈 좀 빌려달라고 하면 내 돈은 언제든 위험해진다. 이에 대비해 노후자금은 쉽게 꺼내 쓰지 못하게 묶어두는 것이 가장 좋다.

연금상품들이 이런 목적으로 사용하기에 안성맞춤이다. 중간에 깨기 힘든 상품들에 돈을 분산해서 넣어두면 노후자금을 지켜낼 수 있다. 연금상품에 넣었는데 중간에 해약할 경우 원금 손실이 발생하거나 세금을 추징당해서 불이익이 발생한다. 이런 이유로 연금상품은 노후자금을 가둬두기에 최적의 상품이다.

목돈이 있으면 같은 방법을 사용하면 된다. 목돈을 넣어두고 노후까지 기다린 후에 연금을 받는 일시납 연금상품에 가입하거나 연말정산 때 세금을 돌려받는 연금저축에 목돈을 넣어두는 것도 좋은 방법이다. 연금저축의 경우 연간 1,800만 원까지 한꺼번에 넣을 수 있고 보험사의 일시납 연금상품은 1인당 2억 원 한도로 10년간 묵혀두면 비과세 혜택을 받는다. 다만, 연금저축펀드와 연금저축신탁은 목돈 저축이 가능하지만 연금저축보험의 경우 월불입금에 따라 한꺼번에 넣을 수 있는 한도가 달라지는 것에 주의하자.

비과세 혜택에 연연하지 않고 묶어두는 게 최우선 목표라면 채권이나 사모펀드도 좋은 대안이 된다. 채권은 만기까지 보유하면 약정된 이자와 원금을 돌려받는다. 하지만 중간에 채권을 팔면 금리 상황에 따라 원금 손실이 발생할 수 있다.

사모펀드는 49인 이하의 투자자를 대상으로 폐쇄형으로 운용된다. 만기는 상품에 따라 다르지만 최소한 1년 이상이고 3년 이상도 많다. 만기 전에 환매를 하면 적지 않은 환매수수료를 내야 하거나 아예 중간에 환매 자체가 불가능한 특징이 있다. 중간에 현금화가 힘들기 때문에 만기 때까지 돈을 묶어두기에 좋다.

연금통장 목적자금별 활용법

돈을 묶어둘 때에도 목적을 정해놓거나 연금 수령 시기를 분산해서 상품에 가입하면 더욱 좋다. 인생 후반기 자금도 생활비, 의료비, 여가비 등 돈 쓸 일이 항목별로 많다. 이럴 경우 연금통장별로 목적을 정해놓으면 목표가 뚜렷해져 중간에 빼서 쓰는 위험을 줄일 수 있다. 연금 수령 시기도 60세, 65세 등으로 세분화하는 게 좋다. 갈수록 오랫동안 일을 하는 추세임을 감안하면 앞으로는 65세 이후까지 일할 가능성이 높다. 즉 일을 하는 65세까지는 연금통장을 아껴둘 필요가 있다. 이런저런 경우를 가정해서 연금통장을 나눠놓으면 나쁠 게 없는 셈이다.

예를 들어 연금상품을 부인과 함께 4개 정도로 분산해서 가입한다고 치자. 연금통장 4개 중 2개는 생활비통장, 1개는 의료비통장, 나머지 1개는 여가비통장으로 나눈다. 그리고 2개를 생활비통장으로 정했다면 1개는 60세부터 연금을 받고 또 다른 1개는 65세부터 연금을 받는 걸로 정해놓으면 각각의 통장에 역할 분담이 정해지게 된다.

목적을 분명히 해서 노후자금을 꺼내 쓰기 힘들도록 단속을 해놓으면 중간중간 거친 풍랑이 불어도 긴 항해를 이겨낼 수 있다. 구체적인 목적 없이 쉽게 꺼내 쓸 수 있도록 돈을 방치해서는 안 된다. 노후자금은 이자를 더 받거나 수익을 더 내는 것에 앞서 돈을 필요할 때까지 못 찾아 쓰도록 단속하는 것이 가장 중요하다.

아무 목적 없이 통장에 돈을 넣어두지 말자! 자유분방하게 넣어둔 돈들은 틈만 생기면 쉽게 내 손에서 빠져나간다.

중간에 찾아 쓰기 힘든 상품들

목돈을 아무렇게나 묶어두는 것은 손해다. 적당한 투자를 통해 돈을 불리는 방법이 좋겠지만 위험을 최소화할 수 있는 상품에 가입하는 방법도 좋다. 무엇보다 중요한 것은 목돈을 쉽게 깨버리는 일이 없도록 하고 끊임없는 현금흐름을 만드는 것이다.

즉시연금, 거치식연금

보험사의 연금상품에 가입한 후 죽을 때까지 연금을 받는 종신형 연금을 선택한 후 연금을 받기 시작하면 중간에 해약이 불가능하다. 종신형 연금으로 받지 않더라도 보험상품은 초기에 사업비가 적립금에서 빠져나간다. 이로 인해 중간에 해약할 경우 원금 손실이 발생해서 섣불리 해약하기가 쉽지 않다. 또한 10년 이상 유지해야 비과세 혜택을 받는 보험상품 특성상 10년을 유지해야 가입한 보람이 있다. 매월 납입하는 보험사의 월납연금보험상품들은 사업비 부담(매월 납입금액의 10~13% 내외가 비용으로 빠짐)이 크다. 하지만 목돈을 한꺼번에 넣어두는 즉시연금이나 거치식 연금은 사업비 부담이 상대적으로 적어(납입금액의 5% 내외를 선취로 떼지만 이후 수수료 부담 거의 없음) 목돈을 넣어둘 만하다.

증권사의 월 지급식 상품

목돈을 맡기고 매월 연금 형태로 받는 상품이다. 투자상품이다보니 보통 5~6년 이상 중장기로 목돈을 묻어둬야 안정적인 성과를 낼 수 있다. 중간에 해지하면 원금 손실이 발생할 수 있어 섣불리 해약하기 어렵다.

주택연금

자신의 집을 자녀를 포함해 외부로부터 지키고 싶다면 아예 주택연금을 받는 것이 좋다. 주택연금은 살고 있는 집을 담보로 맡기고 평생 연금을 받는 상품이다. 담보권이 주택금융공사에 있기 때문에 다른 사람이 집을 담보로 대출을 받거나 처분할 수가 없어 집을 지킬 수가 있다.

사모펀드

사모펀드란 소수의 투자자로부터 모은 자금을 주식이나 채권 등에 투자하는 펀드를 말하는데 보통 49인 이하의 투자자를 대상으로 모집한다. 일반 공모펀드와 달리 비공개로 소수의 투자자의 돈으로 운용되는 만큼 만기 전에 돈을 찾기가 어렵다. 만기는 최소 1년 이상이지만 3년 이상인 상품도 많다. 최소 가입금액은 보통 1억 원 이상이다. 중도 환매가 아예 불가능한 상품도 있고 중도 환매 시 벌칙성 수수료가 커서 환매하기가 쉽지 않다.

장기채권

만기가 10년 이상인 채권을 말한다. 장기채권의 경우 33%의 분리과세를 선택할 수 있는 세제상의 혜택(단, 2013년 1월1일부터 발행되는 채권은 3년 이상 보유 조건이 붙음)이 있다. 보통 이자나 배당소득에 대해서는 15.4%의 소득세를 낸다. 하지만 금융소득종합과세(1년에 이자나 배당소득이 2,000만 원을 초과하는 경우에 해당됨, 세율 6.6~41.5%) 대상에 해당되면서 최고 세율을 적용받는 사람이라면 분리과세가 유리하다. 세제 혜택을 떠나 장기채권의 경우 중도 매각 시 금융환경(매입 시보다 금리가 오를 경우)에 따라 원금 손실이 발생할 수 있고 3년 미만 보유 시 분리과세 혜택이 없으므로 중도 매각이 어려울 수 있다.

| 중도 해지가 어려운 상품 |

상품명	중도 해지가 어려운 이유
즉시연금/거치식연금	• 종신형 연금 선택하면 중간에 해약 불가. • 중간에 해지 시 사업비로 인해 원금 손실 발생. • 10년 이내 해지 시 비과세 혜택 없어짐.
월지급식 펀드	투자성과가 좋지 않은 상태에서 중도해지 시 원금 손실 발생.
주택연금	담보권이 주택금융공사에 있어 다른 사람이 대출 받거나 처분 불가능.
사모펀드	중도환매가 불가능하거나 중도환매 시 높은 수수료 부담.
장기채권(만기 10년 이상)	• 금리 상승 시에 중도매각하면 원금손실 발생. • 3년 이상 보유해야 분리과세 적용받음.

스마트한
국민연금 사용법

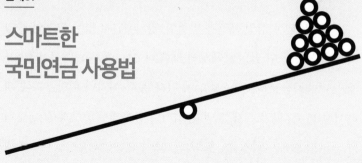

국민연금이 꼭 필요한 이유

"언제부터 노후 준비를 하시나요?"

이런 질문을 하면 대답은 다양하다. 연령대마다 이에 대한 반응 역시 다르다. 하지만 일반적으로는 30대 후반이나 40대가 되면 노후에 대한 걱정이 본격적으로 시작된다. 자녀들이 커가는 모습을 보면서 '내가 나이가 들어도 이 녀석들을 책임질 수 있을까'라는 생각을 하다보면 자신의 노후 걱정으로 연결된다. 혹은 자신들의 부모를 보면서 그들을 충분히 보살피지 못하는 자신을 돌아보고 스스로의 노후를 걱정하기도 한다.

하지만 걱정과 실천은 다르다. 대부분 40대 전후로 노후에 대한 걱정이 시작되지만 실천으로 옮기지는 못한다. 당장 돈 쓸 일들이 널려 있어서다. 큰 맘 먹고 노후 준비를 실행에 옮기더라도 자녀교육비나 대출금 부담 등으로 중간에 해지하거나 꺼내 쓰기 일쑤다. 특히 보험사의 연금상품에 가입했다가 중간에 해지하면 사업비 부담으로 원금을 손해 보는 일도 부지기수다. 이런 와중에 우리 곁을 떠나지 않는 게 있다. 바로 국민연금이다. 노후를 맞이했거나 노후를 앞두고 있는 사람들이 하는 말이 있다.

"국민연금이라도 있어서 다행이다."

이 말을 곱씹어볼 필요가 있다. 국민연금이 나이 들 때까지 곁에 있는 이유는 뭘까? 그 이유는 크게 두 가지다. 첫째, 소득이 있다면 선택의 여지없이 강제로 가입해야 하고, 둘째, 돈이 필요하더라도 중간에 빼서 쓸 수 없다. 이게 가장 큰 이유이고 중요한 이유다.

1) 노후 준비는 강제로 해야 한다.
2) 노후자금은 노후가 될 때까지 절대로 빼서 쓸 수 없도록 잠금장치를 해 놔야 한다.

노후 준비를 하면서 가장 큰 적은 자신이다. 노후 준비에 있어서 만큼은 자신을 믿지 마라. 강제로 저축해야 하고 중간에 해지하기 어려워야 한다. 의지가 약한 나를 대신해 시스템이 내 노후를 지키게 만들어야 한다. 그렇지 않은 노후자금은 모두 내 곁을 떠난다. 노후에 이르기도 전에 돈 쓸 일이 너무 많기 때문이다. 자녀 때문에 흔들리고, 수많은 유혹에 흔들린다. 이래서 노후 준비는 절대 머리로 해서는 안 되고 가슴(의지)으로 해야 하고 시스템으로 잠가놔야 한다.

국민연금이 노후에 큰돈도 안 된다느니, 조만간 고갈이 된다느니, 정부를 어떻게 믿느냐는 등 불평을 하는 사람들이 많다. 그러면서 '국민연금에 가입하느니 차라리 내가 그 돈을 굴려서 노후 준비를 하는 게 낫다'고 생각한다. 남에게 맡기느니 자신이 더 잘할 수 있을 것이라고 자만하는 것이다. 하지만 그런 사람 중에 제대로 준비를 하는 사람이 얼마나 될까? 재테크 하다 날리고, 먹고 마시고 놀러가는 데 쓰다가 통장잔고는 비게 된다.

노후 준비는 잔머리 굴리는 토끼처럼 해서는 안 된다. 어떻게든 목표지점에 도착하려고 노력하는 거북이 정신으로 해야 한다. 거북이는 머리가 아닌 의지, 가슴으로 목표를 향해 간다. 노후가 돈만 있다고 해결되는 건 아니다. 행복한 노후를 위해서는 건강, 일, 돈 세 가지가 조화를 잘 이뤄야 한다. 하지만 돈 없는 노후가 자유롭지 못하다. 몸이 안 좋아도 일을 해야 하거나 남에게 아쉬운 소리를 해야 한다.

돈이 있다면 자유가 있고 선택할 수 있다. 하고 싶지 않은 걸 안 할 자유와 더 좋은 걸 선택할 자유가 있다. 건강하게 살기 위해 예방검진에 적절하게 돈을 쓸 수 있고 정신 건강을 위해 다양한 선택을 할 수 있다. 돈 받는 일이 아니더라도 아무런 대가 없이 즐겁게 일을 할 수 있고 남을 도울 수도 있다. 인간답게 살기 위해 풍요롭지는 않더라도 남에게 아쉬운 소리는 안 하고 살 만큼은 곳간을 채워 놓아야 한다.

자신이 노후자금 관리를 잘할 거라고 스스로를 믿으면 안 된다! 적은 돈이라도 자동이체를 걸어놓고 매월 통장에서 빠져나가게 하자. 그러다 보면 연금통장에 작은 목표가 하나씩 달성된다. 이렇게 통장을 늘려나가자. 1개는 10년 통장, 1개는 15년 통장, 그리도 또 하나는 20년 통장, 이런 식으로 매월 5만 원, 10만 원씩 통장에 모아나가자.

국민연금 조기 수령의 득과 실

일반적으로 국민연금은 예정된 수령시기부터 받을 수 있다. 그러나 개인에 따라 경제사정이 저마다 다르므로 시기를 앞당겨서 미리 받기 시작하거나 시기를 뒤로 미루고 뒤늦게 받는 방법을 선택할 수 있다.

국민연금 빨리 받는 게 이득일까

4년 전 직장에서 명예퇴직한 1956년생 김성태 씨는 퇴직 후 바로 국민연금 조기 연금을 타기 시작했다. 퇴직금으로 1억 원을 넘게 받았지만 취직한 딸과 대학생인 아들의 결혼자금과 학비로 묶어놓았다. 대신 연금을 앞당겨 받아 아파트 관리비, 세금 등 모자라는 생활비에 보태기로 한 것이다. 그의 연금액은 한 달에 79만 원이다. 61세에 정상적으로 타면 113만 원을 받지만 6년 앞당겨 받는 바람에 30%가 깎인 액수다. 김 씨는 "받는 돈이 줄어들지만 돈 가치가 매년 떨어지는 상황에서 먼저 받는 게 이익이 아니냐"고 반문했다.

사례의 김 씨가 받는 '국민연금 조기 노령연금'이란 예정된 연금 수령 시기보다 최대 5년을 앞당겨서 받는 것을 말한다. 국민연금에 가입한 기간이 10년 이상이면서, 만 55세 이상인 사람이 돈을 벌지 못하는 경우에 받을 수 있다. 가령 만 60세부터 연금을 받을 수 있는데 55세에 은퇴해서 소득이 없는 경우 55세부터 연금을 받을 수가 있다. 하지만 예정보다 일찍 받을수록 연금수령액은 줄어드는데 1년씩 앞당길수록 6%씩 지급률이 감소해 5년을 앞당기면 지급률은 70%로 낮아진다. 즉, 1년 앞당기면 예정된 연금액의 94%, 2년 앞당기면 88%, 이런 식으로 지급률이 줄어든다. '연기연금'과 반대되는 개념이라고 볼 수 있다.

조기 연금을 받을 수 있는 시기는 표에서 보듯이 출생연도에 따라 달라진다. 사례의 김 씨는 1956년생이므로 만 55세부터 조기 연금을 받을 수 있다. 일반적으로 조기 연금은 정상 연금 수령 시기를 기준으로 최대 5년을 당겨 받을 수 있다. 하지만 표에서 보듯이 1953~1957년생들의 경우 정상 연금 수령 시기인 만 61세를 기준으로 계산할 때(국민연금 출생연도별 연금 수령 시기 참조) 예외적으로

6년 일찍 조기 연금을 수령할 수 있다. 김 씨 역시 1956년생으로 조기 연금 수령 시 최대 6년 먼저 당겨 받을 수 있다.

| 조기 연금 수령 가능 시기 |

출생연도	조기 연금 수령 가능한 나이
1953~57년생	만 55세
1958~61년생	만 56세
1962~65년생	만 57세
1966~69년생	만 58세
1970~1973년	만 59세
1974년 이후	만 60세

| 연령대별 국민연금 정상 수령 시기 |

출생연도	연금 수령 시기
1952년 이전	만 60세
1953~56년생	만 61세
1957~60년생	만 62세
1961~64년생	만 63세
1965~68년생	만 64세
1969년생 이후	만 65세

소득이 끊기는 시기와 국민연금을 받는 시기가 일치하면 다행인데 대부분의 경우 그렇지 못하다. 만약 모아놓은 자산이 부족하거나 일을 할 수 없다면 국민연금을 미리 당겨서 받을 수밖에 없다. 김 씨의 경우 조기 연금을 선택했기 때문에 당장 연금을 받는다는 장점은 있지만 우리나라의 평균수명인 82세 전후까지 연금을 받는다고 가정하고 정상적으로 받을 때와 비교해 득실을 따져보자.

| 김 씨가 받는 조기 노령연금과 정상 연금수령액 비교 |

구분	조기 연금(55세)	정상 연금(61세)	차액
월 연금수령액	79만 원	113만 원	34만 원
75세까지 받는 연금 총액	1억9,908만 원	2억340만 원	432만 원
80세까지 받는 연금 총액	2억4,648만 원	2억7,120만 원	2,472만 원
85세까지 받는 연금 총액	2억9,388만 원	3억3,900만 원	4,512만 원

주) 연금 총액은 미래의 물가를 감안해 계산하는 것이 정확하지만 예상 물가를 반영한다고 해도 조기 연금이나 정상 연금에 동일하게 적용되기 때문에 단순히 명목가치로 계산했음.

김 씨의 경우 정상 연금보다 6년 빨리 받기는 하지만 금액이 34만 원 줄었기 때문에 21년 후인 75세부터 정상 연금에 비해 연금 총액에서 적어진다. 이후부터 80세 시점에는 차이가 2,472만 원, 85세 시점에는 4,512만 원으로 오래 살수록 더 벌어지게 된다. 75세 이전에는 총액면에서 많지만 75세 이후부터는 총액면에서 손해를 보기 시작하는 것이다. 만약 김 씨가 6년간 미리 받는 조기연금을 생활비로 사용하지 않고 그 돈을 투자해서 잘 불린다는 가정을 세울 수도 있다. 하지만 연금을 재테크 차원에서 접근하는 것은 바람직하지 않기 때문에 불가피하게 조기 연금을 받아야 하는 상황이 아니라면 가급적 정상 연금을 받는 것이 바람직하다.

또 한 가지, 김 씨가 이야기한 것처럼 '받는 돈은 줄어들지만 돈 가치가 매년 떨어지는 상황에서 먼저 받는 게 이익이 아니냐'고 반문한 부분을 생각해보자. 국민연금은 앞서도 언급했듯이 물가상승분만큼 연금수령액을 높여주기 때문에 돈 가치가 떨어지지 않는다. 만약 사고나 질병으로 일찍 사망하면 먼저 받는 게 이득이 될 수는 있다. 하지만 특별한 경우를 제외한다면 국민연금은 단순히 일찍 받는 것만으로 득이라고 이야기하기는 힘들다. 상황에 따라 조기 연금을 받을 수밖에 없다면 받아야 하겠지만 그렇지 않다면 정상적으로 받는 것이 금전적으로 이득이다.

강남 부자들이 선택하는 국민연금 연기연금제도

최근 강남 부자들은 국민연금 받을 시기가 돼도 일부러 연금 받는 시기를 늦춘다고 한다. 그들은 국민연금을 늦게 받을수록 연금수령액이 많아져 이득이라는 걸 잘 알고 있기 때문이다. 젊었을 때의 빈부 격차가 노후에도 이어지는 것 같아 안타깝기만 하다.

'연기연금제도'란 연금을 받을 수 있는 나이가 됐는데도 돈을 버는 경우 국민연금을 받는 시기를 늦출 수 있는 제도다. 앞서 언급한 국민연금 조기 연금과는 반대되는 개념으로 이해하면 된다. 최근 강남 부자들은 국민연금 받을 시기가 되자 연기연금제도를 많이 활용한다고 한다. 가령 1960년생의 경우 원래는 만 62세부터 연금을 받지만 본인이 원할 경우 연금 수령을 최대 5년간 늦출 수가 있다. 이럴 경우 1년 늦출 때마다 예정된 연금액의 7.2%씩을 더 받게 돼서 5년을 늦추면 최대 36%를 더 받게 된다. 신청대상은 60세 이상 65세 미만이다.

국민연금에 부부가 동시 가입하고 있다면

맞벌이 부부의 증가와 주부들의 자발적인 국민연금 가입으로 부부가 동시에 국민연금에 가입하는 경우가 늘어나고 있다. 생존 시에는 부부가 각각 연금을 수령할 수 있지만 한 사람이 사망했을 경우 문제가 생긴다. 가령 남편이 사망했을 경우 부인은 본인이 가입한 국민연금을 수령하거나 남편의 유족연금 중 하나를 선택해야 한다. 이때는 본인에게 유리한 연금, 즉 연금수령액이 많은 쪽을 선택하면 된다. 남편의 유족연금을 선택할 경우 본인이 낸 연금을 모두 포기 해야 하지만 본인이 낸 연금을 선택한다면 남편 유족연금 수령액의 20%를 추가로 받을 수 있다.

설계4.

노후 준비를 위한
현실적인 투자전략

노후 준비는 펀드로 하자

우리나라에는 아직도 주식에 장기 투자하는 문화가 정착돼 있지 않다. 2010년 초~2015년 말 6년 동안 국내 지수가 1,500~2,200 의 박스권 안에 갇혀 있는 것도 큰 영향을 미친 듯하다. 그동안 지수만 보면 답답하고 재미없어 보여도 주식시장에 상장돼 있는 기업들 사이에는 많은 변화가 있었다. 기업가치가 떨어진 회사들이 있는 반면에 기업가치가 상당히 많이 오른 회사들도 많았다. 이건 무슨 의미일까?

저평가된 기업, 지속적으로 발전하는 기업, 한국 경제의 미래를 이끌 기업들을 잘 골라 투자하는 펀드에 가입하면 지수와 상관없이 좋은 성과를 거둬왔다는 의미다. 우리는 흔히 '올해 증시가 어떨까에 관심을 쏟는다. 이러다보니 '미국 금리가 오르면 우리 주식시장은 어떻게 될까? 내년에도 경기가 좋지 않다는데 돈을 어디에 넣어둬야 할까'라는 고민을 많이 한다.

인생도 길게 보고, 투자도 길게 보고

주변에서 걱정하는 단기적인 시각에서 벗어나 10년 이상을 좋은 펀드에 묻어둔다면 어떠했을까? 10년 이상 오래된 국내 주식형 장수펀드들의 수익률을 보면 이런 걱정들이 다 부질없었다는 걸 깨닫게 된다. 예를 들어 펀드 투자자들 사이에 널리 알려진 신영밸류고배당펀드나 동양중소형고배당펀드의 경우 10년 수익률(2016년 1월 4일 기준)은 모두 100%를 훌쩍 넘는다. 각각 전자는 187%, 후자는 221%에 달한다. 단기적인 주식시장에 대한 걱정보다는 10년 이상을 버틸 수 있는 뚝심이 더 중요한 셈이다.

물론 10년이라는 시간 동안 장기로 투자하는 게 쉬운 일은 아니다. 그러나 나이를 먹을수록 세월이 빠르게 흘러간다는 걸 느끼기 시작하는 세대라면 앞으로 다가올 10년은 더 빠르게 흐를 것이다. 과거의 수익률과 미래의 수익률은 다를 수 있지만 펀드가 투자하는 우량 기업들의 가치는 장기적으로 볼 때 꾸준히 올라갈 가능성이 높다. 특히 국내주식시갖의 지루한 박스권이 6년 정도 지속됐다는 건 오르지 못했다는 의미도 되지만 더 이상 크게 빠질 가능성도 낮다는 의미. 이런 시점에서 적립식으로 투자하기에 가장 좋은 여건이다. 지루한 시점에 투자해놓은 돈들이 상승흐름을 타면 큰 수익으로 돌아오기 때문이다.

단, 펀드 투자에 성공하기 위해서는 중요한 2개의 전제조건이 있다. 좋은 펀드를 선택해야 한다는 것과 너무 비쌀 때 들어가면 안된다는 점이다. 다행히 국내 증시는 거품이 없어서 2016년 1월 말 현재 장기로 돈을 묻어 두기에는 좋은 시점이다. 특히 적립식으로 투자한다면 마음 편하다. 오늘 떨어지면 싸게 사니까 더 좋은 거라고 생각하면서 장기 투자해나갈 수 있다. 그렇다면 좋은 펀드만 고르면 된다. 욕심 내지 않고 길게 버틸 수 있는 노후자금이라면 국내 펀드도 충분히 좋은 대안이다.

좋은 펀드 고르는 법

좋은 펀드를 고를 때는 수익률과 펀드매니저가 핵심이다. 수익률과 펀드매니저에 관한 자료는 '자산운용보고서'에 잘나와 있다. 자산운용보고서는 펀드의 자기소개서다. 펀드에 가입돼 있다면 분기별로 e메일이나 우편으로 받아볼 수 있다. 판매사인 은행이나 증권사 홈페이지 또는 자산운용사의 홈페이지를 방문하면 자산운용서를 확인할 수 있다. 가입 전에 이런 내용들을 확인하고 펀드를 선택하는 것이 좋다. 가입 후라면 가입한 펀드가 어떻게 운용되는지를 정기적으로 점검할 때 사용할 수 있다.

만약 수익률이 지속적으로 저조하거나 펀드매니저가 바뀌었다면 다른 펀드로 갈아타는 걸 고민해봐야 한다. 연금펀드의 경우 상품 내 이동이 가능하므로 펀드를 환매할 필요 없이 다른 펀드로 이동할 수 있어서 장기 투자하기에 좋다.

수익률 확인하기

좋은 펀드는 지금 1등을 하는 펀드가 아니다. 좋은 펀드는 운용에 대한 철학, 즉 좋은 주식을 고를 줄 아는 펀드매니저가 운용하고 있는 펀드다. 이런 펀드들의 특징은 1등은 못하더라도 꾸준히 중상위권 이상을 유지하고 있다. 중상위권 이상을 유지한다는 것은 펀드 수익률이 단기간에 대박 나는 게 아니라 펀드가 추종하는 비교지수(국내 주식형 펀드의 경우 KOSPI)와 비교했을 때 꾸준히 지수 수익률보다 나은 성과를 보이는 걸 의미한다. 즉, 주가지수가 오를 때 더 많이 오르고, 빠질 때는 상대적으로 덜 빠지는 펀드들이 좋은 펀드다. 예를 들어 주가지수가 10% 오를 때 11~12% 정도 오르거나 주가지수가 10% 빠질 때 8~9% 정도 빠지는 펀드라면 운영을 잘한다고 볼 수 있다.

이런 펀드들은 단기간에 화려하게 빛나지는 않더라도 몇 년이 흐른 뒤에 살펴보면 양호한 수익을 달성하곤 한다. 지금 당장 눈에 보이는 수익률 좋은 펀드보다는 오랜 기간 지수 대비 꾸준히 잘하고 있는 펀드를 선택해야 하는 것이다. 지수 대비 수익률을 비교할 때도 최근 것만 보지 말고 최근 3개월, 최근 1년, 최근 3년 등 다양한 기간을 비교해야 한다.

| 신영마라톤펀드의 수익률 분석 사례 |

(단위: %, 수익률은 기간별 누적수익률임)

	최근 3개월	1년	3년	5년
신영마라톤	3.57	17.13	39.74	50.23
*비교지수	-0.17	5.61	6.88	8.90
비교지수 대비 성과	3.74	11.52	62.860	41.33

*주) 비교지수: KOSPI 90.0% + CD91일물 10.0%
출처: 신영자산운용, 2015. 10. 24 기준

사례의 신영마라톤펀드의 경우 비교지수인 KOSPI 대비 꾸준히 잘해왔다는 걸 알 수 있다. 예를 들어 비교지수인 KOSPI(정확히는 KOSPI 90%+CD이자율 10%)가 최근 5년간 대략 8.9% 정도밖에 오르지 못했지만 마라톤펀드는 무려 50.23%가 올랐다. 최근 3년, 최근 1년을 비교해봐도 꾸준히 잘해왔다는 걸 알 수 있다. 이런 펀드를 선택해 장기 투자하면 성공할 가능성이 높아진다.

구분	기간	투자운용인력
책임운용역	2007. 3. 5 ~ 현재	허남권
부책임운용역	2012. 4. 6 ~ 현재	이병창

출처: 자산운용보고서, 2015. 10. 24 기준

펀드매니저 확인하기

펀드매니저는 자산운용보고서상에 투자운용 인력 현황에서 볼 수 있다. 자산운용보고서에는 최근 3년간 펀드매니저가 누구였는지, 책임 펀드매니저가 바뀌지 않고 잘하고 있는지, 혹은 자주 바뀌었는지를 알 수 있다. 가장 좋은 건 한 명의 펀드매니저가 오랜 기간 책임지고 펀드를 운용하는 것이다. 팀이 운용하는 경우도 있지만 그렇더라도 책임매니저는 있기 마련이므로 책임매니저가 안 바뀌는 게 중요하다. 3년 동안 펀드매니저가 자주 바뀌면서 수익률이 엉망이었다면 뒤도 돌아보지 말고 환매하든지 다른 펀드로 갈아타야 한다. 단, 연금펀드의 경우 상품 내 이동이 가능하므로 펀드를 환매할 필요 없이 다른 펀드로 이동할 수 있어서 장기 투자하기에 좋다.

신영마라톤펀드의 경우 2007년 이후 책임 펀드매니저가 한 번도 바뀌지 않고 펀드를 운용하고 있다는 걸 알 수 있다. 유능한 펀드매니저가 오랜 기간 펀드를 책임져왔기 때문에 10년 동안 좋은 수익을 달성할 수 있었다. 반대로 펀드매니저가 수시로 바뀌는 펀드들은 대부분 장기 수익률이 좋지 않다. 참고로 신영마라톤펀드를 추천하려고 예시를 든 것은 아님을 밝힌다. 10년 이상 오래된 펀드이면서 펀드매니저가 바뀌지 않고 꾸준히 좋은 수익률을 낸 펀드의 사례로 선택했을 뿐이다. 자신이 가입한 펀드나 가입하고자 하는 펀드도 이런 방식으로 점검해보면 된다.

설계5.

내 집이 벌어오는 생활비, 주택연금 활용법

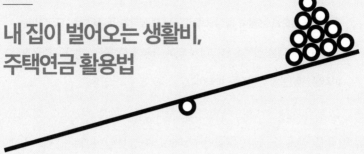

주택연금 가입하기

주택연금은 살고 있는 주택을 담보로 연금을 지급받는 상품이며 '역모기지론'이라고도 한다. 한국주택금융공사에서 취급하며 9억 원 이하의 주택 보유자가 본인이 실제 거주하고 있는 상태에서 부부 중 주택소유자의 나이가 만 60세 이상인 경우에 이용할 수 있다. 그리고 부부 중 나이가 어린 사람을 기준으로 연금액이 결정된다. 연금 지급 방식은 주택을 담보로 대출을 해주는 방식이며 주택 소유자가 대출이자를 부담한다. 단, 대출이자는 연금수령액에서 차감 되는 것이 아니라 연금 수령이 끝난 후 주택 처분 시에 정산된다.

주택담보대출을 생활비 형식으로 받는다고 생각하면 된다. 즉, 매달 받는 생활비만큼 대출 잔액은 늘어나게 되며 나중에 주택을 처분해서 원금과 이자를 한꺼번에 상환하는 방식이다.

연금을 받을 수 있는 대상은 아파트, 수상복합아파트, 단독 주택, 다세대주택, 연립주택 등 공부상의 주택이 해당되고 오피스텔, 상가 주택, 상가 등은 해당되지 않는다. 집을 담보로 돈을 빌려 써서 저당권이 설정돼 있거나 집을 세입자에게 전세를 줘서 전세권이 설정돼 있는 경우, 또는 임대차 계약이 돼 있는 경우에는 주택연금을 받을 수 없다. 단, 저당권이나 전세권, 임대차 계약이 있더라도 주택연금에 가입한 후 받는 수시인출금을 활용해서 1개월 이내에 저당권이나 전세권, 임대차 계약을 해지하는 조건이라면 이용할 수 있다.

연금을 받는 방법

주택연금은 신청한 사람의 주택을 담보로 대출 한도를 정하고 그 한도 내에서 연금을 지급해준다. 연금을 받는 방법은 1)정액형으로 평생 매달 똑같은 금액을 받거나 2)전후후박형으로 월지급금이 가입초기 10년간 많이 지급되다가 11년 째부터 초반 월지급금의 70%만 받거나 3)일정 금액을 목돈으로 인출하고 나머지 금액은 매달 일정하게 받는 방식 중에 선택할 수 있다.

참고로 수시인출금이란 대출 가능 금액 중 일부분을 한도로 정하고 목돈으로 인출할 수 있는 돈을 말하며 대출 한도의 최대 50%까지 찾아 쓸 수 있다.

· 주택연금의 장점 ·

– 살고 있는 집을 그대로 이용하면서 평생 연금을 지급 받을 수 있다.

– 집값이 하락해도 받는 연금액은 줄지 않는다.

– 연금 지급이 끝났을 때 주택 가격(시가)보다 연금지급액(대출금액)이 적다면 남는 돈을 상속인이 돌려받는다.

– 연금 지급이 끝났을 때 집값보다 연금수령액이 많아도 상속인의 부담이 없다.

– 재산세를 감면받는다.

   * 참고) 주택연금 가입 주택이 5억 원 이하이면 재산세 25% 감면(5억 원 초과 주택은 5억 원에 해당하는 재산세액 25% 감면)

· 주택연금의 단점 ·

– 주택 가격 대비 연금수령액이 적다. 이는 주택에 계속 사는 대가로 내는 비용이라고 생각할 수 있다.

– 대출이자는 물론 초기 보증료(집값의 1.5%)와 연 보증료(매년 대출금의 0.75%), 기타 법무사 비용, 감정평가비용, 대출약정 인지세, 근저당설정비 등을 부담한다.

주택연금은 기존의 주택에 살면서 연금을 받을 수 있다는 장점이 있다. 하지만 연금수령액은 단순히 주택가격만을 생각한다면 다른 금융상품과 비교해볼 때 적다는 단점이 있다. 반면 가입자가 오래 살아서 집값 대비 연금수령액이 더 많더라도 상속인에게 추가되는 부담은 없다. 반대로 집값 대비 연금수령액이 적을 경우 차액을 상속인이 돌려받을 수 있다.

주택 가격이 하락한다면

주택 가격이 하락하더라도 연금수령액은 줄어들지 않지만 반대로 주택 가격이 오르면 재가입을 통해 더 많은 연금을 수령할 수도 있다. 하지만 이때에는 초기 보증수수료(주택가격의 1.5%)와 근저당설정비 등 비용을 다시 부담해야 하므로 득실을 따져봐야 한다.

결론적으로 주택연금은 은퇴 후 소득이 없거나 생활비가 부족한 경우 가입을 고려해볼 수 있다. 기존 주택에 거주할 수 있는 편리성은 유지되지만 주택 가격 대비 똑같은 금액을 금융상품에 예치해둔 경우에 비해 연금수령액이 적다는 점은 감안해야 한다.

주택연금은 똑같은 금액을 연금상품에 넣어두었을 때와 비교해 매월 받는 금액이 적다. 따라서 국민연금이나 다른 금융자산만으로는 월 생활비가 부족한 경우에 한해 주택연금을 활용하는 것이 바람직하다. 하지만 최근 금리가 너무 낮아지는 바람에 은행에 넣어두고 이자를 받는 것에 비해 주택연금 수령액이 상대적으로 더 많아졌다. 이 점은 주택연금 가입을 고민할 때 참고해볼 사항이다.

만약 다른 연금 수단이 거의 없고 금융자산도 많지 않은 상태에서 보유한 주택이 전체 자산의 대부분을 차지한다면, 바로 주택연금을 이용하는 것보다는 주택 규모를 줄이고 잉여자금을 다른 금융상품에 예치한 후 주택연금 가입을 고려해보는 것이 바람직하다. 주택 규모를 줄이게 되면 관리비나 보유세, 국민건강보험료 등 고정비용이 줄어드는 효과도 볼 수 있고 연금수령액을 늘릴 수 있는 장점이 있다.

설계6.

자식보다 믿을 만한
즉시연금 활용법

즉시연금 가입하기

내년이면 환갑이 되는 이미연 씨는 남편을 일찍 여의고 둘째 딸과 함께 살고 있다. 이 씨는 남편 없이 노후를 혼자 보내야 하는 두려움보다 결혼해서 따로 살고 있는 외아들 걱정이 더 크다. 30대 중반에 접어든 아들은 첫 직장을 6개월도 못 버티고 나와서 사업을 시작했다. 고깃집을 차렸지만 2년도 안 돼서 3억 원의 손해를 보고 가게를 팔았고 이후 호프집을 차렸지만 역시 많은 손해를 보고 접어야 했다. 이 씨는 아들 집 장만부터 사업자금까지 3억 원이 넘는 돈을 지원해줬는데 끝이 보이지 않는다. 6억 원이 넘었던 통장 잔고는 이제는 3억 원도 채 남질 않았다. 둘째 딸 결혼 자금 일부를 제외하고 2억 원이 조금 넘는 돈으로 노후를 보내야 한다. 이 돈으로 부족하면 살고 있는 집을 줄이거나 주택연금을 받는 것도 고민 중이다. 무엇보다 아들이 또다시 돈이 필요하다고 손을 벌릴까 걱정이다. 고민하던 이 씨는 아들로부터 노후자금을 지키기 위해 2억 원을 즉시연금에 가입했다. 즉시연금에 가입하면 해약을 못한다는 이야기를 들었기 때문이다.

'노후 준비 못했나요? 즉시연금이 효자.' '주택 규모를 줄이고 즉시연금에 가입하라.'

언제부턴가 이런저런 문구를 활용해서 즉시연금을 홍보하는 보험사의 광고가 눈에 띈다. 많은 사람들이 노후 생활비 마련을 위해 즉시연금을 활용하지만 사례의 이 씨와 같이 자녀나 외부 사람들로부터 노후자금을 지키기 위해 즉시연금을 활용하기도 한다.

즉시연금이란

즉시연금은 1,000만 원 이상 목돈을 맡겨두고 그 다음 달부터 연금을 받거나 일정기간(최대 5년) 거치기간을 두고 연금을 받을 수 있는 금융상품이다. 신문이나 재테크 책 등을 통해 즉시연금에 대한 정보를 접할 수 있다. 또한 보험설계사나 은행으로부터 즉시연금에 대한 자료를 받아볼 수 있다. 하지만 정작 즉시연금을 자기 상황에 맞게 활용하려고 보면 생각보다 쉽지 않다. 목돈을 맡겨두고 월급 받듯이 연금을 받는 상품인 줄은 알겠는데, 과연 은행에 돈을 맡겨두고 이자를 받는 것과 어떤 차이가 있는지 모호하게 느껴질 수가 있다. 이럴 경우 은행의 예금상품과 차이점을 몇 가지 비교해 살펴보면 즉시연금의 특징을 이해할 수 있고 어떻게 실전에 활용할지 감을 잡을 수 있다.

우리는 은행의 예금상품을 통해서도 매월 이자를 받을 수가 있다. 하지만 은행예금은 1년 만기, 2년 만기 등 만기가 있어서 만기가 되면 연장을 해야 한다. 반면 즉시연금은 돈을 맡겨두고 만기 걱정 없이 평생 연금을 받거나 10년, 20년 등 받고 싶은 기간을 정해 연금을 받을 수도 있다. 연금을 받는 방법에서도 즉시연금은 이자만 받는 은행예금보다 선택의 폭이 넓다. 가령 원금은 그대로 두고 이자만을 이용해 연금으로 받을 수도 있고 이자와 원금을 적절히 혼합해 연금으로 받을 수도 있다. 마치 대출을 이용할 때 이자만 내는 방식과 원금과 이자를 함께 갚아나가는 방식 중 원하는 걸 선택할 수 있는 것에 비유할 수 있다. 즉시연금을 가입한 후 선택할 수 있는 연금 수령 방법과 특징을 박스로 정리해봤다. 박스의 개요는 지금은 간단히 훑어본 후 본문 내용을 다 읽고 정리하는 차원에서 나중에 다시 확인하면 많은 도움이 될 것이다.

・ 연금을 받는 방법에 있어 즉시연금 활용법 ・

1. 원금은 나중에 돌려받고 원금에 대한 이자를 활용해 연금을 받고 싶을 때

→ 상속연금 선택(이자만으로 연금을 받되 연금 수령 기간은 10년 이상으

로 적절히 선택할 수 있음)

2. 평생 연금을 받고 싶을 때

→ 종신연금 선택(원금과 이자를 균등하게 안분해서 평생 연금을 받음)

3. 10년, 20년, 30년 등 기간을 정해 놓고 연금을 받고 싶을 때

→ 확정연금 선택(원금과 이자를 균등하게 안분해서 일정 기간 동안 연금

을 받음)

보험사가 망한다면

이자를 많이 준다는 말만 듣고 재무구조는 확인도 안 하고 보험
사 상품을 선택했는데 그 보험사가 망했다면 어떻게 해야 할까? 원
칙적으로는 정부가 1인당 5,000만 원 한도에서만 예금자보호를 해
주기 때문에 그 이상의 금액은 보호받지 못한다. 하지만 보험사의

| 즉시연금의 개요 |

구분	원금 사용 여부	연금 수령 방법	주의점/세금 여부
종신연금	원금과 이자를 함께 연금으로 받음	평생 연금으로 받음	중간에 해약 불가 능/비과세
확정연금	원금과 이자를 함께 연금으로 받음	10년, 15년, 20년, 30년 등 기간을 정해서 연금 수령	이자소득세를 내야 함
상속연금	원금은 나중에 돌려받고 이자로만 연금 수령	10년, 15년, 20년, 30년 또는 종신형 중에서 선택해 연금 수령	비과세(2억 원 한도)

경우 정부가 국민을 위해 지원해야 하는 노후자금을 취급하는 공적인 기능을 일부 담당하고 있다. 따라서 보험사가 부실해질 경우 해당 보험사의 자산을 다른 보험사가 인수하도록 정부가 중재역할을 해온 덕분에 현재까지는 부실 보험사로 인한 가입자의 피해는 없었다는 점을 알아두자. 이를 보험계약이전제도라고 부른다.

즉시연금 활용할 때 유의할 점

1. 종신연금을 선택하면 중도 해지가 불가능하다.

즉시연금에 가입할 때 상속연금이나 확정연금이 아닌 종신연금(평생 연금을 받는 방식)을 선택해 연금을 받기 시작하면 중도에 해지를 할 수 없다. 그러므로 앞에서 언급했던 사례의 이미연 씨처럼 자신의 연금을 지키고 싶은 경우 또는 마음 편하게 평생 연금을 받고 싶은 경우에는 종신연금을 선택하면 된다. 참고로 상속연금의 종신형은 중도 해지가 가능하다.

2. 확정연금은 정상적으로 이자소득세를 낸다.

종신연금(평생 연금을 받음)이나 상속연금의 경우 세금이 없으나 10년, 20년 등 기간을 정해놓고 연금을 받는 확정연금을 선택하면 이자소득세(15.4%)를 정상적으로 내야 한다. 단, 상속연금을 선택하고 10년형, 20년형 등 기간을 정해 연금을 받을 때는 비과세가 된다. 따라서 즉시연금으로 비과세 혜택을 보려면 종신연금이나 상속연금 중에 선택해야 한다.

즉시연금의 숨기고 싶은 비밀

1. 초기 비용 부담이 있다.

즉시연금은 매월 적금식으로 오랜 기간 준비해가는 연금상품에 비해 목돈만 있으면 바로 생활비를 마련할 수 있는 편리함이 있다. 하지만 초기에 원금의 5~6% 정도를 비용으로 부담해야 한다. 즉 1억 원을 즉시연금에 가입하면 500만~600만 원 정도를 가입 비용으로 낸다. 다행히 초기 비용은 종신연금이나 상속연금을 선택할 때 적용받는 비과세 혜택으로 인해 다른 금융상품을 이용했을 때 내야 하는 이자소득세 15.4%를 상쇄할 수 있기 때문에 크게 걱정은 하지 않아도 된다.

2. 연금수령액이 물가를 반영하지 못한다.

또 다른 단점은 물가가 올라도 연금액이 그에 맞춰 올라가주지 못한다는 점이다. 따라서 기본적인 생활비를 즉시연금으로 마련하되 시간이 흐름에 따라 물가 상승에 대한 연금 가치 하락 부분을 보완해서 대비해나가야 한다. 가령 물가상승률을 연 3% 정도로 예상한다면 3년 후에는 약 10% 정도 생활비가 더 필요하고 5년 후에는 16% 정도 더 필요하다. 물론 매년 꾸준히 3% 정도씩 물가상승률을 감안해서 연금수령액을 늘려주는 게 가장 좋지만 적어도 3년마다 10%씩 또는 5년마다 16% 정도씩 연금수령액이 늘어나게 자금 배분을 해줄 수만 있어도 물가 상승에 대한 두려움에서 어느 정도 벗어날 수가 있다. 이를 위해서는 연금상품에 가입할 때 수령 시기를 3년 또는 5년 단위로 늘려나갈 수 있도록 하면 된다. 가령 1억 원이 있다면 5,000만 원은 60세부터 평생 연금이 나오는 방식을 선택하고 나머지 5,000만 원은 1,000만 원씩 각각 3년 늦게 연금을 받을 수 있게끔 가입하거나 수령 시기를 조절하면 된다.

3. 금리가 떨어지면 연금수령액도 줄어든다.

즉시연금은 고정금리가 아니라 변동금리를 적용해서 연금을 지급하기 때문에 시중금리의 영향을 받는다. 다행히 금리가 올라가면 연금수령액도 늘어나지만 금리가 떨어지면 연금수령액도 줄어든다. 우리나라의 고령화가 빠른 속도로 진행되는 걸 감안하면 경제 성장 속도도 떨어지고 금리도 낮은 수준에서 움직일 가능성이 높다. 따라서 연금수령액이 올라갈 가능성보다 줄어들 가능성을 열어둘 필요가 있다. 이런 점에서 향후 금리가 떨어지더라도 보험사에서 보장해주는 최저 보장금리를 확인해보고 최저 보장금리가 높은 상품을 선택하는 것이 좋다.

4. 중간에 해약하면 원금 손실이 발생할 수 있다.

종신연금의 경우 해약 자체가 불가능하지만 상속연금이나 확정연금의 경우 6.3% 정도의 초기 비용이 회복될 때까지의 기간(금리에 따라 다르지만 금리 4.6%일 경우 대략 16개월 정도) 이내에 중도 해약하면 원금을 손해 볼 수 있다. 단, 연금으로 받은 금액이 있으므로 실제 손해 금액은 이보다 줄어든다.

| 즉시연금과 주택연금으로 월 생활비 만들기 |

(60세 가입, 2016년 2월 기준)

	즉시연금	주택연금
가입 금액	1억 원	1억 원 주택
매월 연금	39만 원	23만 원

*주) 비즉시연금: K생명의 개인종신정액형(남자), 20년 보증상품 가정. 공시이율 2.94%,
최저 보증이율 2% 적용 시 34만 원, 주택연금: 종신지급 정액형 기준

| 집을 줄여 즉시연금으로 금융자산을 만드는 경우 |

	사례 1	사례 2	비고
가입상품	주택연금에 6억 원 모두 가입	주택연금: 3억 원 가입 즉시연금: 3억 원 가입	
매월 받는 연금	136만 원	주택연금: 68만 원 즉시연금: 116만 원 합계: 184만 원	사례2의 경우, 월 연금액이 48만 원 더 많음

*주) 즉시연금: K생명의 개인종신정액형(남자), 20년 보증상품 가정. 공시이율 2.94%,
(최저 보증이율 2% 적용 시 사례2의 즉시연금액은 102만 원, 합계금액은 170만 원.
주택연금: 종신지급 정액형 기준

• 〈금융상품 스크리닝 서비스〉 안내 •

희망재무설계는 가계의 자산이 순간의 잘못된 선택으로 줄줄 새는 것을 안타깝게 여겨 지난 10년 동안 수많은 고객분들의 재무설계상담 경험을 바탕으로 금융이용자들의 올바른 판단을 돕고자 '금융상품 스크리닝 서비스'를 시작하게 됐습니다.

금융상품 스크리닝 서비스란?

현재 보유/미래 보유할 금융상품 적합성 진단을 통한 개인 금융자산 효율성 제고.
현재 보유하고 있는 금융상품을 전문가로부터 객관적으로 진단받아 보유해야 할 자산과 보유하지 말아야 할 자산을 구분해 리모델링을 함으로써 한정된 자산의 효율적 관리를 도모합니다. 금융회사(금융회사 종사자)로부터 제안받은 종합 포트폴리오나 단일 금융상품에 가입하기 전에 자신의 금융자산 보유 목적에 부합하는지를 전문가의 스크리닝 서비스를 통해 객관적으로 평가해 잘못 가입한 후 발생할 수 있는 자산의 낭비를 사전에 예방합니다.

Why? - 서비스 도입 취지

금융지식의 부족으로 자신의 목적에 맞지 않는 잘못된 상품에 가입한 줄도 모르고 계속 보유 및 불입하거나, 금융회사(금융회사 종사자)로부터 자신의 목적에 맞지 않는 금융자산을 제안받았으나 그 내용을 잘 모르는 채 가입 및 불입하면서 많은 돈을 낭비하게 됩니다. 이런 상황에 대해 주변에 딱히 자문을 요청할 수 있는 객관적이고 양심적인 전문가를 찾지 못해 손해를 감수할 수밖에 없는 금융이용자들이 많습니다.

If? - 서비스 효과

1. 현재 보유하고 있는 자산의 적합성 여부가 판단돼 필요한 상품과 불필요한 상품이 구분됨으로써 추가적인 손실방지와 효율적인 자산관리가 가능해짐.
2. 금융회사(금융회사 종사자)로부터 제안받은 금융상품에 대한 사전 검토가 가능해져 금융상품의 선별적 가입이 가능해지면 자신의 목적에 맞지 않는 금융상품을 가입함으로써 발생되는 자산의 낭비를 사전에 예방할 수 있음.

---

* 희망재무설계의 〈금융상품 스크리닝 서비스〉는 유료서비스입니다.
 보다 자세한 사항은 희망재무설계 홈페이지(www.hee-mang.com)
 희망재무설계 대표전화(02-3789-2720)로 문의해 주십시오.

KI신서 6295

회사를 그만둬도 돈 걱정 없는 인생

초판 1쇄 인쇄   2016년 2월 16일
초판 2쇄 발행   2016년 3월 7일

지은이 송승용   **카툰** YoOSARU(유혜승)
펴낸이 김영곤   **펴낸곳** (주)북이십일 21세기북스
해외출판팀 조민호 유승현 조문채 박나리 신미성
디자인 엔드디자인
제작팀 이영민
출판영업마케팅팀 안형태 이경희 김홍선 이은혜 최성환 정병철 백세희
홍보팀 이혜연

출판등록 2000년 5월 6일 제10-1965호
주소 (10881) 경기도 파주시 회동길 201(문발동)
대표전화 031-955-2100   **팩스** 031-955-2151   **이메일** book21@book21.co.kr
홈페이지 www.book21.com   **블로그** b.book21.com
트위터 @21cbook   **페이스북** facebook.com/21cbook

ISBN 978-89-509-6242-5   03320